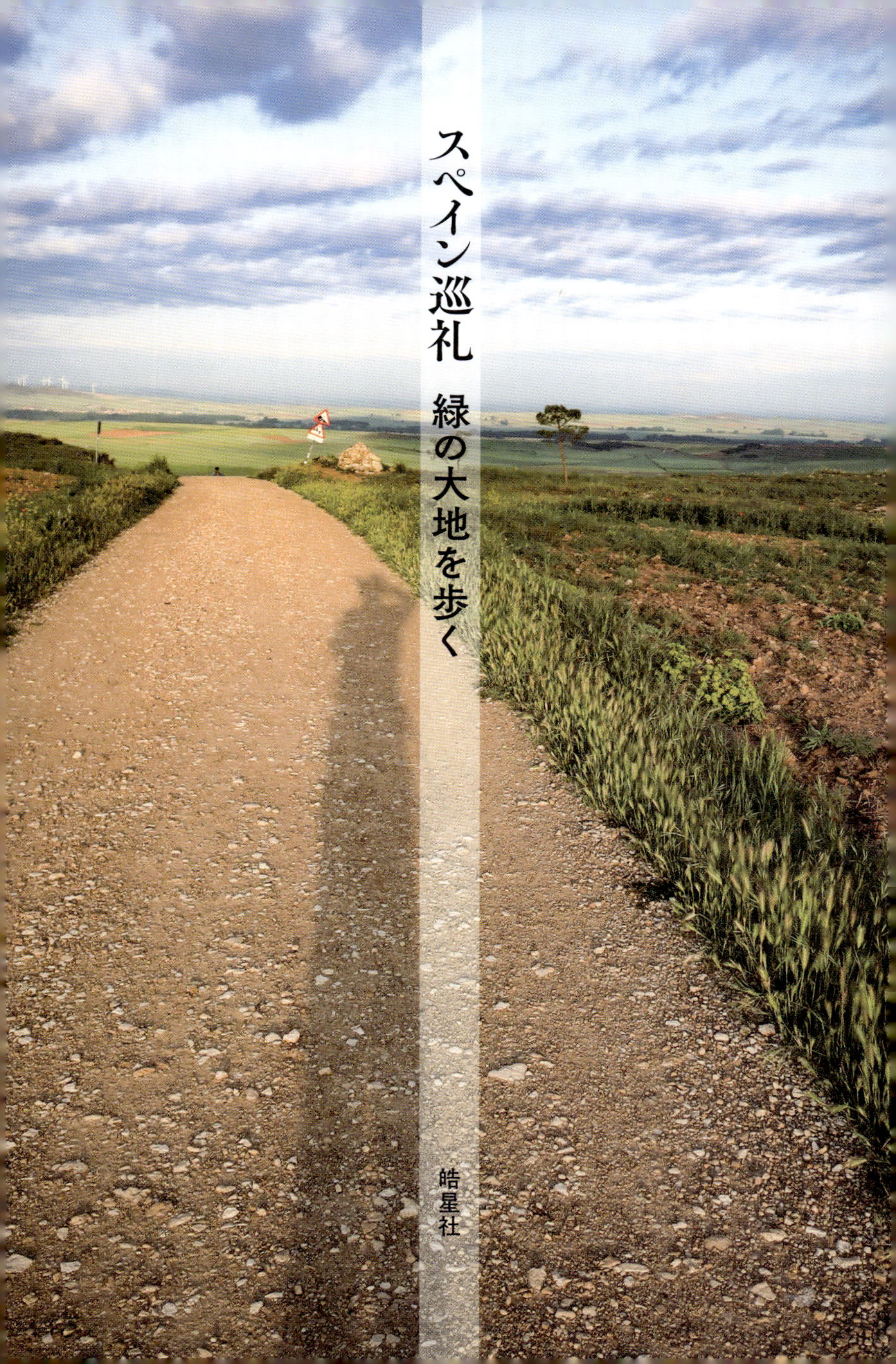

スペイン巡礼　緑の大地を歩く

皓星社

Saint-Jean-Pied-de-Port
Roncesvalles
Larrasoaña
Pamplona
Puente la Reina
Los Arcos
Logroño
Nájera

コラム

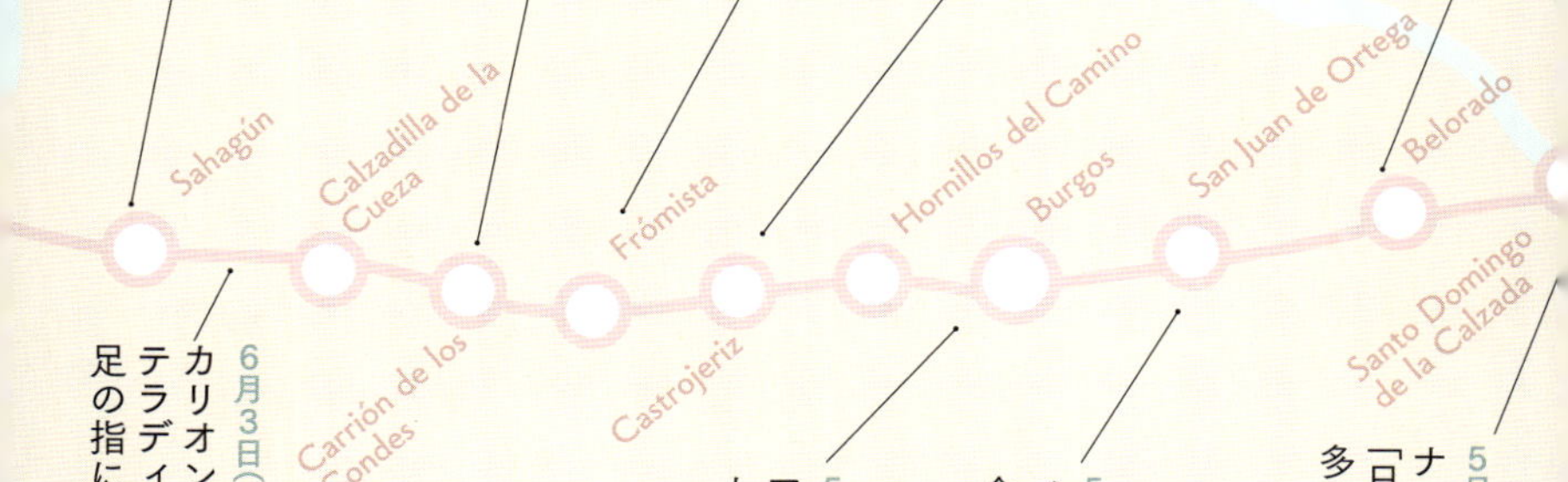
Santo Domingo de la Calzada
Belorado
San Juan de Ortega
Burgos
Hornillos del Camino
Castrojeriz
Frómista
Carrión de los Condes
Calzadilla de la Cueza
Sahagún

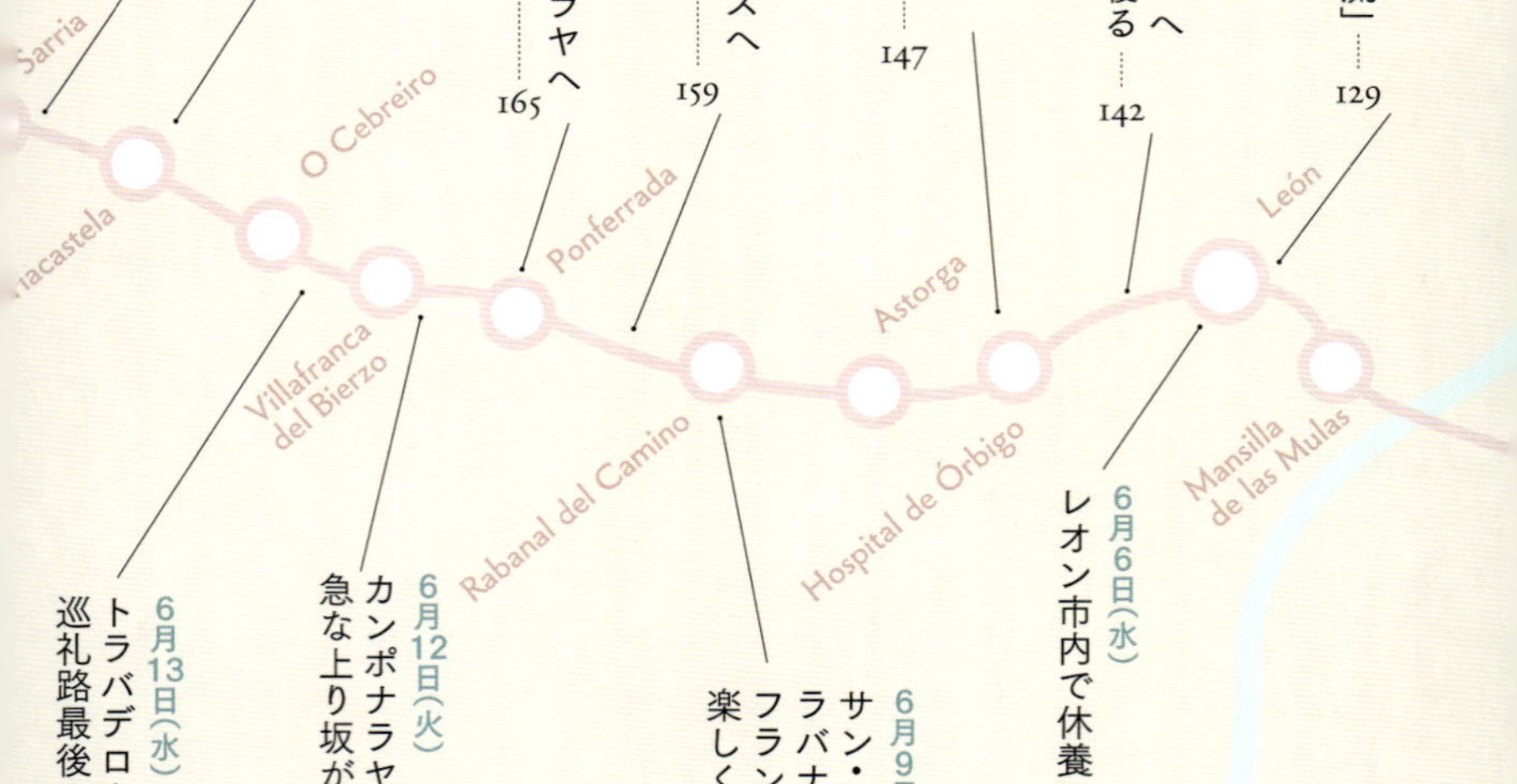

Sarria
Triacastela
O Cebreiro
Villafranca del Bierzo
Ponferrada
Rabanal del Camino
Astorga
Hospital de Órbigo
León
Mansilla de las Mulas

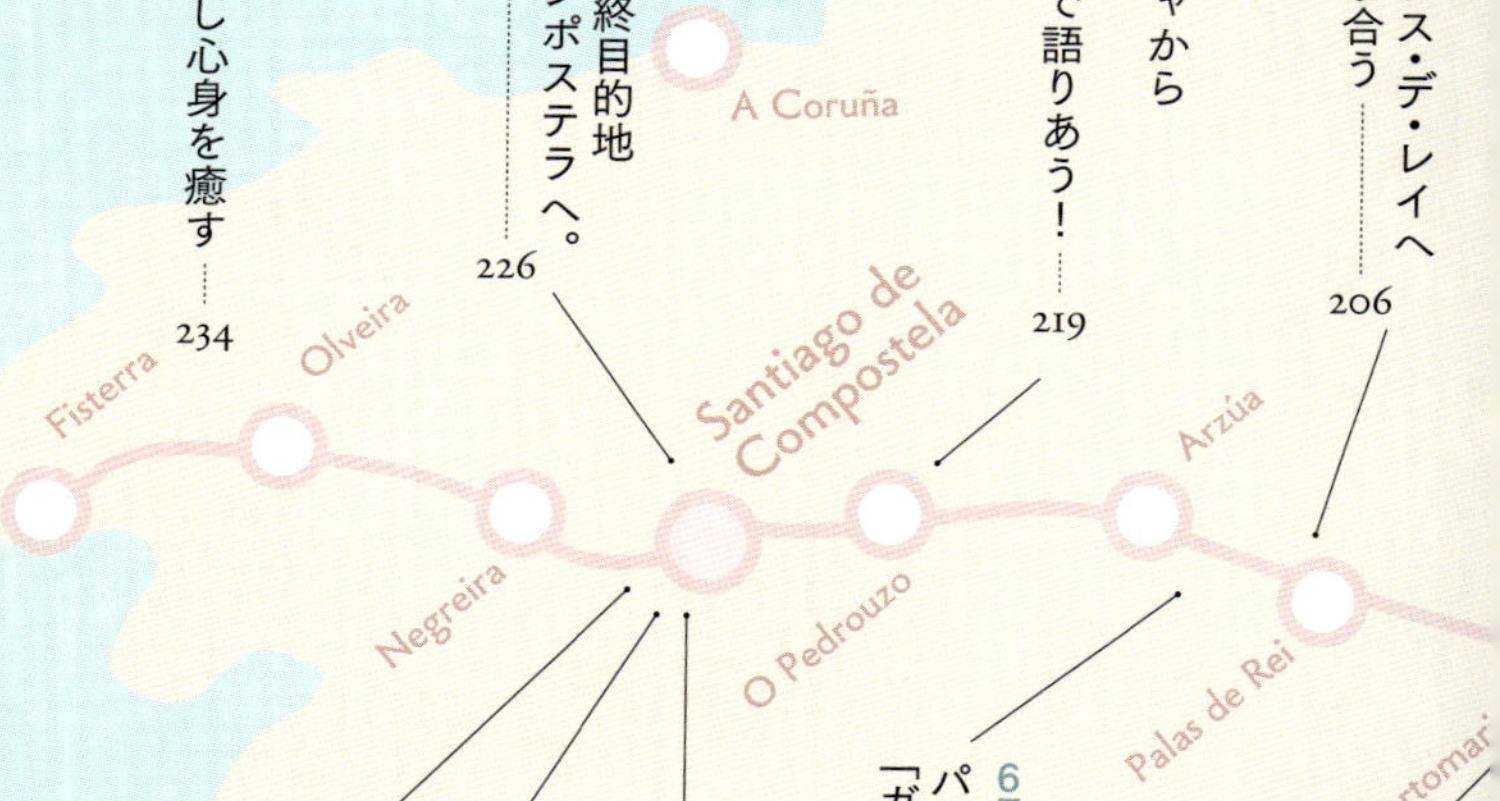
A Coruña
Fisterra
Olveira
Negreira
Santiago de Compostela
O Pedrouzo
Arzúa
Palas de Rei
Portomari

プロローグ

「スペイン巡礼」への憧憬

「スペイン・サンティアゴ巡礼」……。

私がこの言葉に関心を抱くようになったのは三年程前。近くの書店の中をぶらぶら歩いていると、偶然「スペイン巡礼」云々という本が目に留まった。パラパラめくってみると、そこにはスペインの果てしない大地の写真とともに、若い女性が苦闘しながらスペイン巡礼を行う姿が描かれていた。私はこれらに何故か強く惹かれ、この本を早速購入した。そしてその晩から引き込まれるように読み始めた。

当時私は中堅私立大学の理事長だった。私立大学の経営は少子化等でかなり厳しくなっている。私の大学は直ちに経営が危うくなるという状況ではなかったが、いずれ経営が困難化する恐れが少なくなかった。このため理事長就任以来、私は教育や経営の改革に注力していた。

最高責任者は孤独だ。ある程度のことは他の人に相談できる。しかし最後の判断は自らが行い、最終責任も自らが負わねばならない。勿論、これらの覚悟はしていた。が、私が取り組んでいたのは学園史上、殆ど例を見ない大改革だった。精神的、肉体的には厳しい状況だった。

そうした中、手に取ったのがこの本だった。この本の筆者は三〇歳前後の若い女性で、私とは年齢的にも置かれた環境も大きく異なる。しかし私はそこで描かれている「スペイン巡礼」に自分が大きく惹かれているのを感じた。以来、暇を見つけては数多くの類書を読み耽った。

学生時代の欧州一人旅

私は昔からなぜか欧州一人旅にあこがれる。

学生時代、私は一人で西欧一二か国を約五〇日間かけて旅をした。宿泊はユースホステル等を利用した。ユースホステル等では基本的には先着順で宿泊者が決まる。空きが無い場合は次のユースまで行き、そこでも見つからなければ更に次へ……、という旅だった。

この旅は結構大変だった。がその分、印象は強烈だった。宿が無く重いリュックを背負って夕暮れの道をトボトボ歩く。喉はカラカラ。が、北欧やスイスの大自然は絵葉書よりも遥かに素晴らしかった。また西欧の街並みにも目を見張った。通りに続く堂々たる石造りの建物、深い緑と湖のような大きな池……。日本の貧弱な街並を見慣れた目には眩しく映った。

それ以上に心に沁みたのは、見知らぬ人たちから受けた親切や出会いだった。スペインのバルセロナではレストランで隣席のおじさんに道を尋ねた。彼は一生懸命スペイン語で説明してくれる。が、よく分からない。彼は、「これではだめだ」と思ったのか、食事を手短に済ませると、わざわざ彼の車で目的地まで送ってくれた。

またスペインから大西洋岸をパリに向けて北上する夜行の寝台列車では、モロッコの青年と一緒になった。北アフリカ系独特の薄褐色の肌。フランス語も独特のアクセント。やや戸惑ったが、彼の笑顔は屈託がなかった。彼が開けてくれた缶詰を二人でつまむうちに次第に打ち解けた。互いの国のことなどを話した。楽しい時間だった。

また、この旅では「ニクソンショック」に遭遇した。フランス・ニース駅発のスペイン・バルセロナ行夜行列車で、両替が出来ず困っていた若い米国人カップルの苦境を救うという、生涯忘れることのできない経験もした。私はこれをきっかけに外交官を志望することとなり、学部を変更して専門課程を国際関係に変えた。結局、私は外交官試験は受けずに他の分野の仕事に就いたが、この一人旅は間違いなく自分の人生を大きく変えた。

若き日のこの想い出はその後も脳裏に残った。そして歳を取っていくにつれ自分の中には「学生時代の感動を今一度」という夢が膨らんでいった。同時に自分の心には、「いつか理事長職を離れたら、スペインで巡礼をしながら、自分の人生をゆっくりと振り返ってみたい」という気持ちもあった。一種の現実逃避的な心境だったのかもしれない。

巡礼に行く際、クリアすべき条件

私の巡礼行の経緯はひとまず措き、ここで、実際にスペイン巡礼に行く場合、どういう条件をクリアしなければならないかという話をしよう。

①まずおカネ

「アルベルゲ」（巡礼者向けの低廉な宿泊施設）を利用すればその宿泊代は一泊大体五ユーロ（約六五〇円。公営アルベルゲ）〜一〇ユーロ（約一三〇〇円。民営アルベルゲ）程度で済む。しかしこれに毎日の食事代、雑費、それに日本との往復の航空券等を合算すると少ない人で二〇万円程度か（一ユーロ＝一三〇円で換算、以下同じ）。「食事は自炊で寝場所もテントや野宿で」という場合はこれより大分安くできる。逆にホテルなどを使う、航空券もパリ、マドリッド等への直行便を使う等の場合はもう少し多くかかる。

②自由に使える纏まった時間

サンティアゴ巡礼（この場合、「フランス人の道」七八〇キロ）を一回で行う場合は、一日三〇キロ歩くとしても日本からの往復を含めると三〇日程度は必要（七八〇／三〇＝二六日。片道一・五日×二＝三日。合計二九日）。が、「一日三〇キロ」というペースは結構きつく、休みなしに二六日間続けるのはかなりハードだ。実際は三五〜四〇日（往復を含む）程度が一般的ではないか。サラリーマンやＯＬでこれだけ纏まった期間、休める人はそう多くはないだろう。実際、今回の巡礼で出会った日本人の中に現役サラリーマン、ＯＬは一人もいなかった。もっとも巡礼を何回かに分けて行うことは可能だ。例えば、巡礼路最後の一〇〇キロを日本からの往復を含め一週間程度で歩くケースだ。これなら有給休暇の範囲内で可能かもしれない。

③そして体力

若い人はともかくも、歳を取ってくると、体力の有無は結構重要だ。今回も欧米人で八〇歳を超えた人は何人かいたが、彼らは普段から歩行等の訓練を重ねているようだった。若い人は①のおカネの面では自由度が低い半面、この面では余り不安はないだろう。逆に歳を取ってくれば①の面では自由が効くようになるが、体力面は衰えてくる。

④意外と重要な身内の健康状態

実はこの点は巡礼途中、山道で知り合った日本のシニア男性が言っていたことだ。身内の介護を行わなければならない場合、長期に家を空けることは不可能かもしれない。実際、私の姉は夫が長く病床にあり、その間、海外旅行等は殆ど出来なかった。

理事長辞任、そして短期巡礼ツアー参加

さて三年前、巡礼関係の書籍に出会った頃、私は学園改革に忙殺されており、スペイン巡礼など、「夢のまた夢」。四つの条件の②（自由な時間）が大きく立ちはだかっていた。

が、その一年後（二〇一六年春）、状況は思わぬところから大きく変わった。細かい経緯は省くが、要は私が提案した大掛かりな改革案について、教職員の賛同が中々得られなかったということだ。何十年もの間、黙っていても受験生が集まるという「泰平の世」を謳歌してきた教職員には、迫りつつある

危機は中々理解できなかったということだろう。「ならば致し方ない。提案が受け入れられない以上、先行きの経営に責任を持つことは出来ない」。そう判断した。そして任期途中ではあったが理事長の職を自ら辞した。改革に向けて全力投球をしてきた積りだったが、彼らを十分説得出来なかった自分の能力の限界を思い知らされた。

理事長辞任後、約一年をかけ私立大学の現状と課題、展望等を一冊の本として纏めこれを上梓した。幸いこの本は関係方面から大きな反響を得られた。

さて、この著書上梓を以て私は完全にフリーの身となった。時間は有り余るほどあり、その全てを自由にできる……。人生で未だ経験したことのない非常に大きな解放感だった。「夢のまた夢」と思っていたスペイン巡礼が俄かに現実味を帯びてきた。が、現実味を帯びるほど、「未知の長旅に最初から一人で行けるのか」という不安が生じた。色々調べてみると、巡礼路の最後の一〇〇キロをガイド付きで歩く、旅行会社主催のツアーがあることが分かった。私はその中の二〇一七年一〇月末出発の一二日間のツアーに参加した。

このツアーは、実際に巡礼路を歩く経験をするという意味では有意義だった。が、この旅はあくまで団体旅行の一種。日本からの出国から帰国までガイドが殆どつきっきりでサポートし、毎日の歩行も彼が先導。荷物は並走するバスがホテルまで運んでくれる。一日僅か十数キロの歩行が終わると元のホテルにバスで戻り豪華な夕食。翌朝はゆっくり出発。前日に到達した地点までバスで行きそこから再び歩き始める……。これでは本来の巡礼とは大分、趣が異なるのではないか。自分にはそう思えた。

巡礼に行くなら、今

帰国後、私は「次回は自分ひとりで、そして七八〇キロを一回で歩こう」と決心した。私の関心事はただ一つ。「いつ行くか」という点だった。当初は、「体力強化や諸準備をじっくり行い、出発は翌年秋か翌々年の春頃」と思っていた。しかし次第に考えが変わってきた。

最大の理由は、前述の四条件のうちの③、即ち体力等に関する事柄であった。私はほぼ「団塊世代」(より正確には一年遅れの一九五〇年生まれ)で当時六七歳。自分では比較的若いと思っていても、一頃と比べると身体能力の衰えは否めない。また数年前から大学の同級生や昔の上司、後輩等が病気でこの世を去るケースが増えてきた。自分とて「来年」や「再来年」という年が本当に来るのかは全く分からない。仮にそれまで生き延びたとしても四条件が充足できているかは全く予測不能だ。幸い、今ならこれらの条件が全て充たされている。

私はかねがね年賀状に「一日一生、一日一日を大切に」と書いている。その言葉を思い出し、「そうだ。確かにそうだ。悔いのない人生を送ろう」、そう思った。

この結果、二〇一八年一月末、「巡礼に行くなら、今」と決意。「出発は今年五月央、帰国は六月末〜七月初」という大枠を決めた。妻にその旨説明、理解を得るとともに、航空券予約等に着手した。「スペイン巡礼」(コラム1参照)は現実のものとして大きく動き出した。

コラム1

「スペイン巡礼」とは何か

◆スペイン巡礼の歴史

サンティアゴ・デ・コンポステラは、エルサレム、ローマと並ぶキリスト教の三大聖地の一つ。「サンティアゴ」とはスペイン語で「聖ヤコブ」の意。イエスの最初の弟子の一人でイエスの死後、現在のスペインでキリスト教布教に努めたが紀元44年エルサレムで斬首。その遺骸は弟子達によって小舟に乗せられ現在のスペインのガリシア州に漂着したがその遺骸の在りかは不明となった。月日が流れ813年に星の光に導かれた羊飼いによってヤコブの墓が発見され、その地に教会が建設され、「コンポステラ」と名付けられた。

当時イベリア半島ではイスラム支配に対するキリスト教徒の「国土回復運動」(レコンキスタ。コラム4参照)が盛んとなっており、その精神的支柱が求められていた。844年の「クラヴィッホの戦い」で白馬に乗った聖ヤコブがイスラム軍を蹴散らしたとされ、以来、聖ヤコブはイベリア半島におけるキリスト教徒の守護神となった。

12世紀にはこの地には年間50万人もの巡礼が訪れたと言われる。その後、ペストの流行、宗教革命によるキリスト教の内部分裂等によって巡礼は下火になったが、1879年にサンティアゴ教会の祭壇の下の発掘調査で聖ヤコブの遺骸が発見され再び聖地巡礼が注目された。

◆スペイン巡礼の現況

巡礼の人数の正式な統計調査が開始されたのは1985年。この年の巡礼者数は僅か2,491人。その後2006年には10万人を、2013年には20万人を超え、直近の2017年は301,040人と30万人を超えた(聖ヤコブの遺骸が発見された日の7月25日が日曜となる「聖年」を除く。なお以下の数字はいずれも2017年のもの)。

国別ではスペインが13.2万人と最多で以下イタリア(2.7万人)、ドイツ(2.3万人)、アメリカ(1.8万人)、ポルトガル(1.3万人)、フランス(0.9万人)の順。アジアでは日本は1,479人と韓国(5,106人)に次ぐ。但し2005年から2017年の日本の伸び率は5.3倍と全体の伸び率の3.2倍を大きく上回る。

月別では8月(5.8万人)、7月(4.7万人)、9月(4.2万人)、6月(4.2万人)、5月(3.5万人)の順。

ルート別では「フランス人の道」(フランス南部サン・ジャン・ピエ・ド・ポーからの約780キロ)が70.5%、「ポルトガルの道」(ポルトガルのリスボンから約615キロ)が13.2%、「北の道」(スペイン北部イルンから854キロ)が5.9%、「銀の道」(スペイン南部セビージャからアストルガ経由の約705キロ)が4.0%の順となっている。

巡礼スタート前々日

いざ、成田出発　5月16日（水）その1

昨夜は成田空港近くのホテルに宿泊。出発便は今日の午前一〇時三五分発エール・フランス（ＡＦ）パリ行の２７５便。この便なら前泊は不要かもしれないが、列車遅延等何が起きるか分からない。念のため前泊をしたのだ。

「列車遅延」と言えば今回のスペイン巡礼では、スペインに入る前のフランス側の交通事情に不安があった。私はこの日の翌日（五月一七日）朝、フランス・パリ（モンパルナス駅）からフランス国鉄（ＳＮＣＦ）の超特急（ＴＧＶ）で、同国南部バスク地方の都市バイヨンヌまで行き、そこから電車等で巡礼出発地であるサン・ジャン・ピエ・ド・ポーに入る予定だった。このルートは日本からスペイン巡礼に入る際の代表的ルートの一つだ。

が、今年のこのルートには不安があった。ＳＮＣＦ労組が四月三日から待遇改善等を求めて、大規模なストに突入していたのだ。ストは六月末まで毎回、二日間連続スト↓三日間平常運行↓二日間連続スト↓三日間平常運行という形で規則正しく実施される。ストの日、ＴＧＶはほぼ完全にストップする。

幸い、私のパリ出発日の五月一七日はスト予定日には入っていない。が、万が一のこともある。三〇数年前のパリ在勤当時の経験からも、フランス人が運行日を厳守できるのかという懸念もあった。実際、今回も「スト明け翌日のダイヤが狂った」という報道も見た。

また今日はパリ行のＡＦの便自体にも不安があった。私は東京↓パリの直行便に乗ることとしＡＦを予約した。が予約終了後、何と同社労組が四月初からのスト突入を発表したのだ。実際その後、パリ－東京間の便が時折運休となっていた。予定では今日は飛ぶことになっているが、果たして本当に飛ぶのか……。私は幾つかの不安を抱えながら成田空港に向かった。

成田空港の第一ターミナルビルは混雑していた。ＡＦのカウンターでチェック・インを終え、出発ゲートに向かう。何とか今日は飛びそうだ。両替は昨晩空港内の両替所で済ませた。「現金は少なめに。不足分は現地のＡＴＭで」というのが多くのガイド書等からのアドバイス。が、前年秋に最後の一〇〇キロを歩いた経験では、大きな都市はともかくも、小さな村等ではＡＴＭは殆ど見かけなかった。このため私はやや多めの現金を持参した。

ＡＦ２７５便は定刻に離陸。ヤレヤレ。隣席は中年の男性オランダ人。花屋をしているという。日本には仕事の関係でよく来るそうだ。今回は北京、福岡、東京の順で商談をしてきたという。彼は今回のＡＦやＳＮＣＦのストライキには批判的だった。「こういうことをしているから最近のフランスはダメなんだ」と。ＡＦとオランダのＫＬＭ航空は二〇〇四年に経営統合し、いわば「一心同体」。「それなのに」ということらしい。同じ欧州人からの対フランス観として印象深かった。

巡礼スタート前々日　5月16日（水）　その2

パリ到着、巡礼仲間発見！

どの位まどろんだだろうか。

AF275便はその日の午後四時少し前（現地時間）、無事パリのシャルル・ドゴール（CDG）空港のターミナル2Eに到着。が、この2Eには実はメインのホールKのほか、ホールL、ホールMという三つのゲート群があり、それぞれに約三〇もの搭乗ゲートがある。が、入国審査や手荷物受取はホールKだけで行われる。このためLやMに着いた場合は入国審査等のためKまでシャトル（自動運転の電車）で移動しなければならない。

到着したのはいいが、一体自分はどこのホールやゲートに着いたのか？　時差ボケも加わって、皆目分からない。少なくともホールKではないらしい。他の乗客がゾロゾロと進んでいく。あっちへ行けばいいのかな。彼らに着いていくとシャトル発見。慌ててそれに乗り込む。

ホールKに到着。入国審査等は無事終了。次の問題は空港から、翌日TGVが出発するSNCFのモンパルナス駅への移動手段だ。「ル・ビュス・ディレクト」のLIGNE4というリヨン駅経由モンパルナス駅行のバス路線に乗らなければならない。さてその乗り場へはどうやって行くのか？　大まかなことは調べてあったが、実際空港内に放りだされると、全く分からない。

リュックを背負い、何回か空港スタッフに尋ねる。昔使った拙いフランス語がなぜか出てくる。早口で説明されると厳しいが、何とか「想像力」で対応。結局一〇分近く歩き、漸くバス乗り場に到着。乗車券売り場の若い女性の笑顔が嬉しかった。

乗車券を購入し「ヤレヤレ」とバス乗り場に行くと、既に三～四人並んでいる。うち二人は自分とほぼ同年配の日本人らしき男性だ。二人とも重そうなリュック姿。一人はがっしりとした長身。袋に入った長い杖を大事そうに持っている。これは巡礼用の杖か？　彼が私に気付き話しかけてきた。

「日本の方ですか？　貴方もスペインの巡礼に行かれるのですか？」

「ええそうです。一人で巡礼に行くのは初めてなんです」

嬉しかった。ああ、良かった。これで何とか一人ではなくなった。安堵感が自分の中に広がるのを感じた。CDG到着後、「これからはいよいよ一人」という「悲壮感」のようなものを感じていたからだ。

声をかけてくれた人は久山さん（仮名、以下邦人名は全て仮名、七〇代前半）。もう一人は小西さん（六〇代後半）。二人は以前旅行で知り合い、五年前にスペイン巡礼を完歩した久山さんが小西さんを巡礼に誘ったとのことだった。

車中でも色々話が弾んだ。明日のTGVも同じ列車ということが分かった。モンパルナス駅に着いた。ホテル名を訊くと何と同じホテル！　何たる奇遇。三人で爆笑。そのホテルに行くといかにも安ホテルという感じ。私の部屋は通りに面し、小さいながらもバルコニーが付くまずまずの部屋。が、彼らの部屋は「三角形で、部屋の入口が極端に狭く出入りが大変！」と小西さん。

その後、「外で軽くビール等でも」ということで近くのカフェへ。午後八時近いというのに外はまだ明るい。カフェは満員。何とか席について三人でビールなどを飲みながら雑談。小西さんが私にこう尋ねた。

「ここにいる大勢のお客さんはどういう関係の人たちなんですかね。会社の関係ですかね、それとも友人同士？」

「私も良く分かりませんが、会社の同僚というケースは皆無ではないにしても、あまり多くは無いのではないでしょうか。フランス人が仕事帰りに同僚と飲みに行くという話はあまり聞いたことがありません」

フランス人の関心事の多くは、次のバカンスや音楽、映画等芸術や趣味等だ。会社や仕事の話など、彼らにとってみれば「殆ど意味のない」話題ではないか……。

二人とも私の話を興味深そうに聞いていた。

それにしてもこの季節のパリは最高。いつまでも暮れない夕べと緑の葉が生い茂るマロニエの並木。その間を吹き抜ける爽やかな風。頭上にはどこまでも高い空……。この季節に再びこの地を踏めたことに心から感謝。

●今日の宿
Hotel Celtic
85ユーロ（約11,050円）
※部屋代のみ。以降、特に断らない限り同じ

巡礼スタート前日　5月17日（木）

パリからサン・ジャン・ピエ・ド・ポーへ 巡礼の輪、さらに広がる。昔の「悪夢」蘇る？

パリ出発

朝六時半、ホテルを出発。今にも雨が降り出しそうな空模様。が、三人とも至って元気。一〇分足らずでモンパルナス駅に到着。TGVのボルドー経由エンダイエ行は七時五二分発。まだ時間があるので構内で軽く朝食。リンゴパンとカフェ・オレのセット、それにクロワッサンで計五・九ユーロ（約七七〇円）。結構高い。

暫くすると漸く構内の電光掲示板に我々の列車の発車番線が表示された。パリの主要駅では発車二〇分ぐらい前にならないと発車番線が表示されない。表示と同時に大勢の乗客がその番線に向けて動き出す。当然ホームはごった返す。非効率だと思うのだが……。

我々も急いで発車番線に向かう。乗車口で乗務員に記念撮影のシャッターを押

モンパルナス駅の電光掲示板。各列車の発車ホームが発車間際まで決まらない

して貰う。彼らは皆バスク風のベレー帽姿だ。そうだ。この列車が向かうバイヨンヌは、あのバスクの中心都市の一つなのだ。バスクはフランスとスペインに跨る地域で、両国とは異なる独特の文化を持つ。独立意識の強い地域で、嘗ては独立運動による流血事件も起きた。そうしたことが頭をよぎった。

サン・ジャン・ピエ・ド・ポーの宿の庭と周囲の山々

サン・ジャン・ピエ・ド・ポーの時計台

サン・ジャン・ピエ・ド・ポー到着

やがて列車は定刻に発車し徐々に加速。かなりの速度だ。車内表示を眺めていると今回の最高速度は時速三一九キロだった。この速度では確かに「速い！」。が、ボルドーを過ぎた辺りからは一般車両も走る線路に入ったのか、がっくり速度が落ちた。

ＴＧＶはバイヨンヌに定刻の午前一一時四七分着。バイヨンヌからサン・ジャン・ピエ・ド・ポー（ＳＪＰＰ）へは通常は電車だ。日本で鉄道乗車券を買っておいたのだが、今日は代替バスらしい。次の代替バスは一二時四〇分。三人で駅前広場へ。すると、我々と同じように重そうなリュックサックを背負った巡礼と思しき人々が数十人も。

東洋人らしい人も沢山いた。ただ東洋人の巡礼については、キリスト教が盛んな韓国の人が圧倒的に多いという（そう言えばＴＧＶの車中ではキムチの匂いが充満）。お互いに恐る恐るまずは英語で。

“Where are you from?”（どちらの方ですか？）。

“I'm from JAPAN.”（日本からです）。

「ああ、日本の方ですか。どうもどうも」。

こんな会話を何度か交わす。結局、谷さん（六〇代前半）、村田さん（七〇代前半）、それに谷さんがパリで知り合ったという韓国のユンさんの三人が我々に合流した。

バスは山間部を通って午後二時過ぎ、ＳＪＰＰに到着。徒歩で中心部の巡礼事務所へ。巡礼事務所は急な登り坂の左側だ。多くの巡礼はここで巡礼路の「アルベルゲ」の一覧表や、「クレデンシャル」を貰う。後者は有料で、氏名、国籍、旅券番号等を記入した巡礼の「身分証明書」だ。これを提示することでアルベルゲへの宿泊、教会・美術館の入場料割引等の特典を受けられる。またここに教会、観光施設等のスタンプ（セージョ）と日付を押印して貰う。これが巡礼の最終地サンティアゴ・デ・コンポステラで「巡礼証明書」（コンポステラ）の交付を受ける際の歩行実績の証明となる。巡礼事務所では巡礼（ペレグリーノ）の象徴である「ホタテの貝殻」を分けて貰った（代金は寄付制）。併せてこの先のピレネー山脈の危険箇所の説明も受けた。

これらが終わると今夜の宿探しへ。

私と谷さんは日本で予約済み（偶々同じ宿だった！）。他の四人は予約なしのため宿を確保しなければならない。私達も彼らに付き合う。既に「満室」の表示が出ている宿もあったが、何とか四人分のベッドを確保。まずはメデタシメデタシ。

その後、六人で散策。途中、一五ユーロ（約一九五〇円）で「メヌー」（定食）を出すレストランを発見。夕食はここで摂ることを約して一旦解散。私と谷さんの宿は巡礼事務所に隣接していた。裏は広々とした緑の庭で、周囲の山々が美しい。ベッドは一段。カーテンで仕切られており、巡礼宿的なものとしてはかなりグッド。

三〇数年前の「悪夢」蘇る？

その後、私達二人は明日の飲料水や食料等確保のためスーパーマーケットへ。幾つかの品物を抱え二人でレジに向かう。谷さんが先に精算を開始。レジのおばさんが言うフランス語の数字が自分にはすぐ分かったのでこれを谷さんに伝えた。彼の支払いは無事終了。

次は私の番。おばさんが精算金額を私にフランス語で言う。ところがその数字が上手く聞き取れない。少しまごついていると、そのおばさん、やおら手許のボールペンで、レジカウンター前の画面を何回か強く叩き、何かわめく。が、画面は遠くてよく見えない。こちらは益々まごつく。その後、何とかその数字が「一・九二ユーロ」（Un quatre-vingt-douze 約二五〇円）であることが分かった。

購入したのはミネラルウォーターとクロワッサン、バナナ、トマトが各一つ。パリ出発時のカフェの値段から、私には「フランスは物価が高い」という先入観があった。このため、この時も予め頭の中で、「これだけ買えば恐らく四（キャトル）～五（サンク）ユーロ（五二〇～六五〇円）ぐらいか」という計算をしていた。が、彼女の口から出たのは、これらの音とは全く異なる音だった。

スーパーのレジ精算で、相手の言っていることが分からず、まごつく。すると相手がいきり立つ……。レジ係の高圧的態度には、「フランス語も分からないのか！」という「上から目線」の意識が垣間見える（と思うのはこちらの僻みか）。三〇数年前のパリ生活当初、こういう経験をいったい何度味わったことか……。こうしたことが頭をよぎった。

クソ！　品物をオバサンにぶん投げて店を出ようか。そう思った。が、ここで腹を立てても仕方がない。この先、巡礼途中では色々あるだろう。我慢が大切。ここはその試金石だ。そう自分に言い聞かせ、精算を済ませ店を出た。

その後、宿に戻ると一人の日本人男性がいた。黒田さん（七〇代前半）。谷さんも交え、暫し話が弾む。明日はこの三人が次のオリッソンのレフュージュ（一種のアルベルゲ）を予約していることが判明。またまた奇遇が重なった。「明日は三人で一緒に」ということに。

七時からは黒田氏も合流し七人で夕食会。話題は何といっても明日のピレネー越えだ。久山さんら四人は明日、オリッソンには泊まらず直接ロンセスバイエスまで行くという。

「大丈夫なの？」

「大丈夫、体力は十分あるから」

「遭難したら助けに行くよ！」

「頼んだよ！」

等々会話は尽きず。実に楽しかった。一〜二日前まではお互い全く未知だったが、今は恰も数十年来の友人であるかのように語り合う。これも巡礼ならではだ。

夕食後、レストランの前でお互いの健康と巡礼の成功を祈って散会、各自の宿に戻った。

さあ、明日はいよいよ巡礼路の最難関の一つと言われる「ピレネー越え」だ！

●今日の宿
Gite Makila　30ユーロ
（約3,900円）朝食付き

巡礼一日目　5月18日（金）　歩行距離7・8キロ

サン・ジャン・ピエ・ド・ポーから いざ、ピレネー山脈へ

いよいよピレネーへ

朝五時過ぎに目が覚めた。

カーテンで仕切られたベッドの中で明かりをつけ荷物の整理を始める。周囲の人々はまだ寝ているようだ。極力音を立てないよう気を配る。慣れないこともあって結構時間がかかった。

朝食後、八時三〇分、三人で宿を出発。曇り空。街外れの有名な「スペイン門」をくぐって巡礼路へ。直ぐ先に道標があった。「(今日の目的地である) オリッソンまで7キロ。2時間」の表示。これが巡礼の間では、「相当いい加減な、こんな時間では到底着かない」と有名な道標か。そういう評判が当たっていることはこの後、我々も実感した。

歩き出して暫くは緩やかな上りの舗装道路。途中、道端で欧米系の男性二人が休憩中。カナダ人の親

サン・ジャン・ピエ・ド・ポーの街外れの道標。「オリッソン迄2時間」の表示は全く当てにならないことで有名

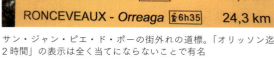

子だった。小柄なお父さんは五〇歳過ぎ、息子は二〇歳前後か。親子で巡礼というのは中々いい感じ。お互いに労わりあっていることが伝わってくる。これからの長い旅、どんなことを話しながら歩くのだろう。

その先ではかなり高齢の欧米系男性を追い越した。訊けば「八〇歳過ぎ」とのこと。「ゆっくり、ゆっくり」と自分に言い聞かせているような歩き方だ。そう、「巡礼」は競争ではない。自分のペースで、自分を見つめながら歩くのだ。

黒田、谷の二人は四国お遍路の経験者。黒田さんは「遍路笠」姿だった。これが欧米人巡礼者には物珍しいようで、しばしば話しかけられていた。彼は中東の勤務経験があり英語はかなり堪能だ。英語での会話にはジョークを交えていた。あの位余裕をもって英語が話せれば、見える世界も違ってくるだろう。

その先も何人かの巡礼を追い越したり、追い越されたり。

「ブエン・カミーノ」（良い道中を）

「ブエン・カミーノ」

巡礼同士のお決まりの挨拶も交わせるようになってきた。上り坂は傾斜を増していく。それほど大した傾斜ではないが、下りは殆ど無い。これが結構きつい。背中のリュックが両肩に食い込む。標高が上がるにつれ霧が濃くなっていく。視界は二〇メートル先がやっと。

オリッソン到着

喘ぎ喘ぎ登ること出発から約三時間半。一二時少し過ぎ、漸くオリッソンに到着。ここはSJPPから七・八キロのピレネー山脈中腹。明日の目的地であるロンセスバイエスまではここから登りが一二キロ、その後の下りも入れると一七キロもある。ここに泊まらない場合は、これら全てを一日で行う必要がある。ここの宿は予約制で、メールによる予約や予約金前納は面倒だったが、今は「ここを予約しておいて良かった！」。

到着後、テラスで軽く昼食。ビール、特製スープ、それに昨日買っておいたバナナ、クロワッサンなど。スープは体が温まって最高だった。テラス席からは本来、周囲の山なみがよく見える筈。が今はあいにくかなりの霧だ。ピレネーの大展望はひとまずお預け。

その後、一時過ぎにチェック・イン。フロントの小柄な女性スタッフ（チーフ？）はとても親切だった。先ほどテラス席で彼女にビールを頼んだ時、こちらが多少フランス語を話したことを覚えているのかも。チェック・イン後は、私のことは必ず微笑みながら「ムッシュ・タカシ・ワタナベ」と呼んでくれた（何となくウレシイ！）。

我々三人が割り当てられた部屋はテラス下の建物の一階部分。そこには二段ベッドが五つあった。我々以外はまだ誰もいない。三人ともベッド下段を選択。上、下段どちらを選ぶかはその人の好み次第だが、多くの巡礼経験者は「上の段は上り下り等で結構不便」と言う。なお結局この部屋は、我々三人と五〇歳ぐらいの英国人女性一人の他は、残り六人全員が韓国の人だった。

ここのシャワーは他のアルベルゲと比べてもやや異質。それは一人一回のみ使用可能で、かつ使用時間は「コイン（チェック・インの際貰う）投入後五分以内」（！）という点だ。が、結果的にはコイン投入前に色々準備をしておけば五分でも十分だった。

トイレも印象的。ブログ等には時折、「アルベルゲによってはトイレの便座に、着座用の内蓋が無い場合も」という記述。これを読んだときは、「まさか、それじゃどうやって座るの？」と思った。しかし、あったのです、正にここに！　どうやって使ったのか？　それはご想像にお任せします……。

夜六時からは食堂で宿泊者全員による夕食会。我々は三人のほか、昼食時に知り合った二人の日本人女性の大野さん（六〇代前半）、金子さん（四〇歳代）が同席。食事は、熱々のスープ、鶏肉のソテー、デザート、それにパンと飲み放題のワイン。

夕食が終わりかけた頃、スタッフが手を叩いて「注目して」と言った。英、仏、西語で「これから一人ずつ簡単に自己紹介を」とのこと。ああ、やっぱりあるんだ。これまで読んだ巡礼のブログには、「オリッソンでは一人ひとり自己紹介をする」、「今回は無かった」等と記してあった。今夕は五〇～六〇人にも及ぶ大人数だ。今日は無いのかな、と思っていたのだが……。隣の黒田さんはユーモアも交えながら流暢な英語で自己紹介。私は自分の名前、日本から来たこと、巡礼は事実上初めてであることなどを英・仏両国語で簡単に。ヤレヤレ。

午後八時過ぎ、夕食会が散会。八時過ぎというのに外はまだ明るい。薄い霧の中、緑の深い谷と遠くの山々がうっすらと見えた。「大自然の静寂」だった。

オリッソンの宿。石造りで趣がある。谷側にはテラス席がある

オリッソンの宿での夕食風景。自己紹介が始まる。その都度大きな拍手

オリッソンの宿の就寝前の室内

●今日の宿
Refuge Orisson　36 ユーロ
（約 4,680 円）夕朝食付き

巡礼二日目

ピレネー山脈の大展望が眼前に が、思わぬ出来事が……

5月19日（土）　歩行距離17・3キロ

ピレネーの荘厳な夜明け

昨夜は二段ベッド初体験。上段の英国女性が寝返りを打つ度にこちらも大きく振動。「うーん、今回は震度3かな」等と頭の中で突っ込む。初めは気になったが、直ぐに深い眠りに落ちた。

夜中にふと目が覚めトイレに起きる。室内の床はややしっとり。シャワーの水が流れてきたのか、外の冷気が流れ込んできたのか……。慌ててサンダルを履く。用を済ませた後、そっとドアを開けて外へ。まだ真っ暗だった。ブルッとするような冷気。たまらず寝袋に戻る。

その後どの位経っただろうか。何となく朝の気配。暗闇の中、腕時計を見ると五時四〇分。上着を着てそっと室外へ。外は少し明るくなり始め、眼下には雄大な雲海が絨毯のように広がっていた。その絨毯

朝5時58分。夜明け前のピレネー山脈の風景。
雲海の中、低い山々が島のように浮かび上がっている

の所々には小さな山々が島のように浮かぶ。遠くからは小鳥のさえずり。雲海の遥か向こうには山脈が連なり、その上には左右に広がる薄紅色の帯。更にその帯の上には、濃青色の空が限りなく広がる。まさに大自然の神秘。

夢にまで見たピレネー山脈の夜明けが眼前に。大きな感動が全身を包んだ。

快晴のピレネーを歩く

朝七時から食堂で朝食。その後、フロントで、リュックを次のロンセスバイエスまで運んで貰う「トランスポーテーション」（コラム2参照）の説明を訊いた。例の女性が親切だった。

黒田さんと二人で宿を出発（谷さんと二人の女性は先発）。明るい陽光の中、一歩一歩噛みしめるように歩き始めた。この辺りは簡易舗装の道で、右手上から道を挟んで左手下に新緑の谷が続き、遠くには雲海が広がる。暫く行くと深い谷は右手に移り、遠くの山の斜面では牛や馬がゆっくりと草を食む。

「こういうところの牛や馬はストレスが無くて、日本の牛や馬よりずっと幸せでしょうね」

「どうでしょうねえ。ここの牛や馬は日本に行ったことがないですからね」

「確かに」

その後二人で大笑い。こんな調子で徐々に登っていく。左右には遮るものの全くない雄大な緑の草原が広がる。更に行くと道は大きく右にカーブ。遥か彼方の丘には連なって歩く巡礼者の姿が米粒のように見える。

左手奥に有名なマリア像が見えた。ここは二〇一〇年の米国映画「THE WAY」（邦題「星の旅人たち」）でも出てくる。この映画は、疎遠だった息子がスペイン巡礼途中ピレネーで遭難死。知らせを受けた父親が代わりに八〇〇キロを歩く物語だ。巡礼をしていくうちに父親は息子の心情を次第に理解し、巡礼仲間にも心を開いていく……。米国で大ヒットし、巡礼に来る米国人が急増したという。私もビデオで何度も見て巡礼への夢を募らせた。

一〇時五〇分頃、「ローランの泉」を経てフランス・スペイン国境に到着。と言っても何か建物がある訳ではない。地面に一〇数本の横木と緊急用SOS発信装置があるのみ。勿論、国境警備員等はいない。うーん、これでは犯罪者などは簡単に隣国に逃亡できてしまう？ が、元々欧州は地続き。取り締まりには限界がある。「欧州統合」には、犯罪者の国外逃亡等の問題を上回る大きな意義や意味があるのだろう。そこには何百年もの間、国同士の戦いで大きな戦禍を被った欧州人の苦い経験と想いが結実しているということかもしれない。

下り坂で思わぬ出来事が……

一二時過ぎ、ピレネー山脈の巡礼路最高地点であるレポエデール峠（一四五〇メートル）到着。さてここからロンセスバイエスにどうやって下るのか。迷った。巡礼事務所で貰った地図には「左側の下り

朝7時50分。オリッソンの宿から上り始める。後方の雲海が美しい

坂は急。右側の舗装道路を下るべし」との記述。が、右側の道は見当たらず。結局、後から来た韓国人巡礼者たちが左を指して「こっちだ」というのでその後に従った。

が、実はこれが大失敗。

左の坂を下り始めると非常に急で石ころだらけ。韓国人グループや黒田氏はぐんぐん下っていく。私も遅れまいと必死に着いていく……。すると右膝が疼き始めた。七～八年前、家内とスイス・アルプスの山道を下る際、少し無理をして以来、急な坂道を急いで下ると痛みが出る。

三〇～四〇分後、私は彼らに追いつくことを諦め、速度を落とした。その横を、欧米系の少し年配の小柄な女性が軽々と降りて行った。

出発から六時間弱が経過した午後一時半頃、漸くロンセスバイエスのアルベルゲに到着。既に到着していた大野さん、黒田氏とともにチェック・イン。

ここは元は修道院。数年前の全面改装で近代的な施設に変身した。収容人員は一八三人とアルベルゲの中でも最大級だ。宿泊階に上がる。上下二段の括り付けのベッドが二組向き合う形。その四つのベッドが一組の個室となる形で廊下に続いている。個人用ロッカーや充電用コンセントも完備している。

黒田、大野そして私の三人は同室だった。もう一人は先ほど下り坂で軽やかに追い抜いていったあの女性。マリアさんというイタリア人だった。何と私と同じ六八歳。「カタルーニャから歩いてきた」とのこと。あの小柄な体のどこにあれだけのエネルギーがあるのだろう。

ここがフランスとスペインの国境らしい。緊急用の[SOS] 発信装置もある

　さて黒田さんが聞いてきた話では「洗濯は地下の洗濯場で一籠三・五ユーロ（約四五

ピレネー山中の道。坂を上る巡礼達の姿が見える

〇円）でやってくれる」とのこと。早速地下室に向かう。下り階段で右膝に痛み。が、何とか耐えられそうだった。洗濯場のおばさんはとても気のいいひと。「はいよ、そこの紙にベッド番号を書いて、おカネと洗濯物と一緒に籠に入れて」。とても簡単だった。

六時からは教会で「巡礼のためのミサ」があった。大野さんと二人で参列。司祭の話はスペイン語のためよく分からなかったが、聖歌隊の讃美歌は美しかった。最後に司祭の合図で巡礼同士がカミーノの成功を祈念して握手。見知らぬ人同士が互いに手を握り締める光景は感動的だった。

その後、夕食のため近くのレストランに向かう。会場には既にアルベルゲの宿泊者達が大勢陣取っていた。大野さんの他、黒田、谷両氏も加わって乾杯！　ピレネーを越えた、という安堵感もあって、皆ワインに酔いしれた。

夕食終了後アルベルゲに戻る。そして洗濯物を受け取りに地下階段を降り始めた。途端に右膝に先程よりも強い痛みが走った。私の巡礼の先行きに暗雲が垂れ込め始めた。

●今日の宿
Albergue de peregrinos de Orreaga/Roncesvalles
12ユーロ（約1,560円）

ロンセスバイエスのアルベルゲがやっと見えた。この小川で靴を洗う人も

コラム2

巡礼途中のリュック等の搬送方法

巡礼にとって背中に食い込むリュックほど厄介なものは無い。こういう時に頼りになるのが、荷物のトランスポーテーション（搬送）だ。よほど需要が多いと見えてかなり多くの業者が参入している。アルベルゲやホテルのフロント脇には時には10種類以上の荷物送り状袋が並ぶ。

システムは至って簡単。業者指定の送り状袋に送り主の氏名、携帯電話番号、送り先施設名を記入のうえ、代金（大体5～8ユーロ／650～1,040円）を同封。これを荷物に括り付け、所定の時間（大体当日朝8～9時）迄に所定の場所（アルベルゲやホテルのフロント、所定の倉庫の場合もある）に置いておく。多くの場合、最大重量は15キロ以内で距離は最長25キロ以内。業者に予約をする必要があるが、多くの場合アルベルゲやホテルのスタッフがやってくれる。体調がすぐれない或いは天候が悪い、荷物が重い、坂道がキツイ等の時は非常に便利。宿の予約をしていない時でもその宿泊施設に送ることは可能だ。

主な業者としては　JACOTRANS（下記WEB参照）が有名。2006年創業。レオン、ブルゴス、ラ・リオハ、ナバラ等に支店を持ち巡礼路は全てカバーしている。

https://www.jacotrans.es/

巡礼三日目　5月20日（日）　歩行距離ゼロ

右膝悪化、歩行を中断しタクシーでパンプローナへ

右膝に痛み！

朝六時前起床。廊下を歩いてみる。右膝が痛い。特に階段を下るときはかなり痛い。今日の歩行予定は二二キロ先のスビリまで。が、一九キロ地点からスビリまでは急な下り坂が続く。ジョン・ブライリーの地図でも「要注意箇所」を示す「！」マークがついている。

ここで無理をすると、「巡礼断念」という最悪の事態に陥りかねない。無理は絶対禁物。ということで大きな決断をした。「他の人とはここで別れ、しっかり休養して足の回復を図ろう」と。中々つらい決断だが、やむを得ない。

ではどこで休養を取るか？

アルベルゲは基本的に連泊は困難だ。スビリで休養を取ることも一案だが、ホテル等は少ない。結局、スビリの先（ロンセスバイエスからは四〇キロ先）のパンプローナまでバス等で行きそこのホテルで二連泊しようと決めた。直ちにスマホでパンプローナのホテルを予約。黒田さんら三人にも事情を説明し

た。彼らは「残念だが、また必ずどこかで会いましょう」と言ってくれた。黒田さんは痛み止めの軟膏を分けてくれた。有難い。

廊下で彼らを見送った。ああ、また一人になってしまった……。

ロンセスバイエスからパンプローナに向かう車中で遭遇したキリスト教徒の行進風景

パンプローナの市庁舎。「牛追い祭り」はここで開会宣言が行われる

カスティージョ広場の「カフェ・イルーニャ」。ヘミングウェイが常連だったという

アルベルゲのオスピタレイロ（宿のスタッフ）の話ではパンプローナへはバス便があるとのこと。が、フロントの時刻表を調べると日曜日は運休で、あいにく今日はその日曜日。うーん、タクシーを使うしかないな。この先のバル（居酒屋兼カフェ）でタクシーを呼んでくれるらしい。バルの若い女性は快く電話をしてくれた。

タクシー到着。一路パンプローナへ。ブルゲーテ、スビリ等を通過。ああ、黒田さん達はこの辺りを歩いているのかなあ……。途中の国道で黒や白の服を着た数十人の行列に遭遇。先頭の数人は装飾された十字架を高々と掲げて進んでくる。大きな十字架を一人で担いでいる人も。キリストの辛苦を体感するということか。如何にもカソリックの国。

パンプローナ到着

九時過ぎ、パンプローナ中心部のホテルに到着。フロントに荷物を預け、市内の散策へ。パンプローナはナバラ州の州都。ローマ時代からの歴史を誇る。人口は約二〇万人で、「フランス人の道」の中では最大だ。

近くに市庁舎があった。ここはこの街のシンボル的存在で、毎年七月、世界的に有名な「牛追い祭り」（サン・フェルミン祭）の開会宣言が行われることで知られる。その先に大きな広場があった。カスティージョ広場だ。正面には、ヘミングウェイが常連だったという「カフェ・イルーニャ」。“IRUÑA”

（イルーニャ。パンプローナのバスク語名）という文字を染め抜いた大きな「オーニング・テント」が印象的だ。テント下の席で軽食を摂りながら日記を書く。私のテーブルでは、クロワッサンのクズを雀がチュンチュンとついばむ。何とものどか。

今日は日曜日。広場には南国スペインの陽光が燦々と降り注ぐ。正午前後になると家族連れなど大勢の人出だ。ブラスバンドの行進やギターの演奏などとても賑やかだ。店を出ると途中のバル街は大勢の人だかり。ふと見ると、バルの店先で小さな男の子二人とお父さんらしき男性が何やらはしゃいでいる。お父さんが壁に顔を伏せて何か言う。するとその間、通りの反対側にいる子供たちが彼の方に進む。お父さんが振り返ると子供たちは動きを止める。これを繰り返すうちに子供達が前進する……。そう、「だるまさんがころんだ」だった！　スペインにも日本と同じ遊びがあるんだ！　こちらも思わず笑みがこぼれる。

昼食は、パスタ専門店でサーモンのスパゲッティとサラダ、それ冷えた白ワイン。絶品！　日本でもこれだけのスパゲッティには滅多にお目にかかれないだろう。

ホテルに戻る途中、公園で中東系と思しき中年男性から話しかけられた。

「カミーノ（巡礼）か？」

「そうだ」

「どこからだ？」

「日本からだ」

「俺はシリアからだ。半年前にシリアを出てエジプト、チュニジアを経て三カ月前にここに来た。が、仕事が見つからずカネがない」

ここまで聞いて気付いた。そうか、この御仁は俺にカネをくれ、と言っているのか。

「すまん、用事があるので失礼する」

と言って別れた。

彼は、何となくうさんくさい感じ。それ以上に、私は物乞いの人に「お金を恵んでやる」ということがどうしても出来ない。人間の尊厳を否定しかねない行為ではと思うからだ。

四時過ぎホテルにチェック・イン。ここで荷物の大整理に着手。今回の旅では巡礼終了後、「パリで星付きレストランへ」等と考えていた。そのためのジャケット等を詰めた結果、リュックの重さはかなりのものになってしまった。今後の長距離歩行や足の状況を考えると、軽量化は絶対的に必要だ。一時間半の格闘の結果、当面不要のものをビニール袋に纏めた。二〜三キロ前後はありそうだ。「よし、明日これを巡礼最終地点のサンティアゴ・デ・コンポステラのホテルに送ろう!」。

この間、携帯電話に黒田氏から電話。「今、スビリで五〜六人でワイワイ夕食を摂りながら歓談中だが、明日そちらに着くので夕食を一緒にどうか」とのこと。有難く受ける。

●今日の宿
Hotel Maisonnave
57.54 ユーロ(約 7,480 円)
朝食込み

巡礼四日目　5月21日（月）　歩行距離ゼロ

パンプローナ滞在二日目「チャレンジ」と「思考」の一日

「自分でやってみる」ことに挑戦

今日の最大の仕事は、余剰荷物の、サンティアゴ・デ・コンポステラのホテルへの発送だ。さてどうやって送るか？　昨日、フロントで訊いたときは、「荷物の発送？　ああそういえば専門の業者がいたかな。サンティアゴ・デ・コンポステラまで確か四〇ユーロ（約五二〇〇円）ぐらいだったかしら」とのこと。値段も高いし、第一、ここのスタッフはやる気がなさそうだ。確か市役所のそばにインフォメーション（観光案内所）があった筈。あそこで訊こう……。

その荷物を持って早速外へ。インフォメーションの若い女性スタッフは親身に相談に乗ってくれた。「二つ方法があるわ。一つは業者に頼む方法。もう一つは郵便局から発送する方法よ」。前者はホテルのスタッフが言っていた方法だ。彼女は郵便局の利用を勧めてくれた。ここは迷わず郵便局だ！　彼女に郵便局の場所を教えて貰い出発。

ところが途中で道に迷う。ウロウロ。すると背広を着た立派な紳士がこう訊いてくれた。

「何かお困りか？」

「郵便局を探しています」

「ああ、それならすぐ先ですよ」

と懇切丁寧に説明。有難い。旅先で受けた親切は、その国の印象を極めて良くさせる。

郵便局に到着。今度はどの窓口に行けばよいのかが分からない。そばのカウンターのお兄さんに訊くと、「マシーン」と言って近くの機械を指さす。番号札の発券機のことだった。札を取って待つ。「7番」だった。数分後正面の表示板に「7番」が表示された。「どこだ？」と探すと何とさっきのお兄さんの所。彼に「この荷物をサンティアゴ・デ・コンポステラのホテルに送りたい」。すると彼は奥から段ボール箱を持参し、私の荷物を梱包。送付先ホテル名・住所等を書いた紙を渡すと彼が転記してくれた。重さは二・五七キロ。箱代（三・四五ユーロ／約四五〇円）を含め合計一七・三四ユーロ（約二二五〇円）。「二～三日で着きますよ」とのこと。後刻、先方ホテルにはメールで「荷物を送った。到着まで保管を」と連絡。これを怠ると不審物として処分されかねない。

この郵送料金はフロントで耳にした業者料金よりも遥かに安い。かなり節約が出来た。が、それ以上に、「自分の力で発送できた」という達成感と、その過程で実感したインフォメーションの女性、通り

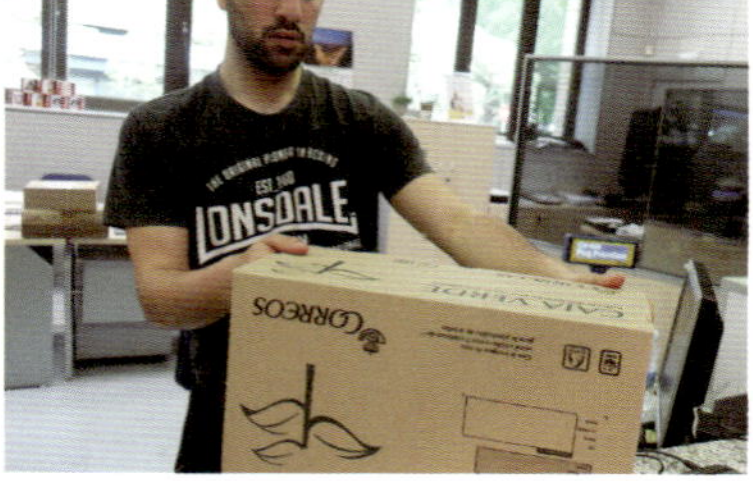

郵便局でお兄さんが梱包してくれた

パンプローナの城壁と周辺の山々

がかりの紳士、郵便局のお兄さんらの親切。それらが無性に嬉しかった。

さて次の課題は明日の行程をどうするか。

次の宿泊予定地は二四キロ先のプエンテ・ラ・レイナ。途中には「ペルドン峠」（標高七五〇メートル）がある。この峠は巡礼モニュメントでも有名だ。パンプローナとの標高差は三五〇メートル。さほど大きなものではないが、問題は峠の先が「石ころだらけでストックも効かない」と言われる急な下り坂という点だ。右膝は大分良くなりつつある。モニュメントも見たい。が、無理は禁物。「峠の先のウテルガまでバスで迂回しよう」と考え早速バスターミナルでダイヤを調べた。が、ウテルガに行く路線は無かった。ならばタクシーしかないな。

街並み等を見て考える

昼食後、市内散策。まず大聖堂へ。入口でクレデンシャルを提示すると、五ユーロ（約六五〇円）の入場料は三ユーロ（約三九〇円）に割引に。カテドラルの内部は堂々たる趣だった。

その後、街を取り囲む古い城壁の上を散策。ここからは城壁の外に広がる近代的な住宅群や深い森、更には遠くの山々がよく見える。暫く行くと闘牛場へ。ここは毎年七月の「牛追い祭り」の中心会場の一つ。周辺は街路樹に覆われた広い道路が続き、その両側には石造りの重厚な建物が連なっている。

これらを見ていると、この国に対する見方が大分変ってくる。スペインというと日本では、「嘗ては世界の強国。が今は経済が沈滞する余り元気のない国」と思っている人が多いのではないか。実は自分もそうだった。

しかしこうした認識は間違っているのかもしれない。

そもそも日本とスペインとは志向する方向が全く異なっているのではないか。一方は、破壊と建設の繰返しによるＧＤＰの嵩上げに血道を挙げる「フロー重視」の経済。他方は、しっかりしたものを作り、それを修理しながら長い間、大切に使う「ストック重視」の経済だ。

そこに生きる人々の生活も対照的だ。朝晩、通勤ラッシュに揉まれ、会社では厳しい成果主義の下、深夜残業等で「過労死」が跡を絶たない日本。一方この国の平均所得は日本よりも少ないが（注）、午後二時から五時ぐらいの間は「シエスタ」という休憩時間で、多くの人がバルで歓談する。一日五回の食事も一般的という。「一体、いつ働いているのか」と思ってしまうが、彼らはこうした生活を心からエンジョイしている。

「どちらが幸せか」。その答えは実際に相手の国に住んでみないと分からない。この点は数日前の「ピレネーの牛と日本の牛のどちらが幸せか」という議論と同じだ。日本人が巡礼等でこの国を実際に見るのは、それを考えるきっかけとしても有意義かもしれない。

夕方、雨の中、市庁舎前で黒田氏と待ち合わせ。遠くから近づく彼の姿を見て驚いた。彼の傘は派手なピンク色の地に無数の白い水玉模様。「アルベルゲの女性オスピタレイラから借りてきたんだ」とのこと。思わず吹き出しそうになった。その後、彼とバルで痛飲。「昨晩、渡辺さんに電話した後、スビリのアルベルゲに戻ったら既にドアはロックされていた。鍵も無く呼んでも誰も出て来ない。仕方が無いので通りがかりの人に頼んで、二階の窓から入ってドアを開けて貰い、漸く自分のベッドに潜り込んだ」とのこと。この人の話は、中々飽きない！

（注）一人当たり国民所得は日本が三万八四三九ドル（約四二二・八万円。一ドル一一〇円で換算。以下同じ）で世界二五位、スペインは二万八三五八ドル（約三一一・九万円）で同三一位。両者は一・三六倍の開き。二〇一七年ＩＭＦ（国際通貨基金）統計による。

●今日の宿
Hotel Maisonnave
69.06 ユーロ（約 8,980 円）
朝食込み

パンプローナのバル
黒田さんと「痛飲」

巡礼五日目　5月22日（火）　歩行距離10・0キロ

パンプローナからプエンテ・ラ・レイナへ歩行再開の喜び

歩行再開、嬉しい！

朝八時四〇分、タクシーでホテルを出発。高速道路のトンネルを抜けた。それまでの霧が急に晴れ、フロントガラスには青空が広がり、左手後方には山並が見える。あの辺りがペルドン峠のようだ。うーん、残念。

九時少し前、ウテルガに到着。さあ、歩行再開！　心は踊る。ウテルガは小さな村。すぐに広々とした田園風景に入った。小麦畑だろうか。左手遥か奥の方が小高い丘になっており、それが道を跨いで右の山々に緩やかに続く。実に雄大。快晴の空の下、朝の陽光が眩しい。道端には至る所でチューリップに似た赤い花（ポピーか）が可憐な姿を見せる。小鳥のさえずりも爽やかだ。

緩やかな丘陵が続く

九時半過ぎ、ムルサバルの村を通過。そこから更に一～二キロ進む。そこで「あ、しまった。この近くのエウナーテには有名な『聖墳墓教会』があった筈」と気付く。この教会は十二世紀ロマネスク様式のもので、その八角形の姿は「巡礼街道の宝石の一つ」（ジョン・ブライリーのガイドブック）。その優雅な姿を写真で見て何とか見たいと思っていたのだ。

オバーニョス近くの巡礼路の赤い花。青空と白い雲とのコントラストが美しい

エウナーテの聖墳墓教会

地図を見ると、エウナーテに行くにはムルサバルから左に入る。が、ムルサバルは既に大分後方だ。戻るとかなりのロスだ。が、この先を左に入れば目的地方向に行けるようだ。取敢えず前進。それらしき道を見つけ左折。が、その先は農地と丘が延々と続き、教会らしき建物は全く見えない。スマホの地図アプリ「MAPS.ME」（コラム3参照）を開く。しかしこの付近は田舎のためか、詳しい道路が表示されない。困ったな。

するると後ろから競技用のような自転車が一台、かなりの速度で迫ってきた。慌ててその自転車を止める。運転していたのは七〇歳前後の男性。私が「エウナーテ？」と言って前方を指さすと、彼はスペイン語で"Si,Si"（そうそう）「自分も行くんだ」と嬉しそうに答えた。「ひょっとして、一緒に行こうと言ってくれるかな」と淡い期待。が、期待は見事裏切られ、彼の自転車はすぐに発進。再び前後には誰もいない世界……。「まあ、この道は間違っていないようだから……」と自分に言い聞かせ歩行再開。

その後、三〇分も歩いただろうか。左手の小高い丘から降りてきた旅行者集団に、「エウナーテから？」と訊くと「そうだ」とのこと。ドイツの観光客だった。「そうか、この丘を越えればよいのだ」と勇気百倍。丘を越えると遠くにポツンと小さい教会が……。聖墳墓教会だった。

教会の隣の建物にある受付のおじいさん（タバコ臭かった！）に入場料を払い教会内に。中は真っ暗。リュックを静かに床に置き着席。誰もいない。内部には冷気が漂う。外からは鳥のさえずりが聞こえる。次第に目が慣れてくる。正面には祭壇。天井は八角形の梁に支えられ、意外と高い。天井の明り取りからは陽の光が差し込む。微かに音楽が聞こえる。グレゴリオ聖歌か……。身も心も洗われる。

必需品紛失に気付く！

午後零時半頃、目的地プエンテ・ラ・レイナのホテルに到着。チェック・イン後、自室でシャワー、洗濯等を済ませる。その後、併設のアルベルゲのオープンテラスへ。木々の下の席で生ビールで乾杯。と、ここまでは良かったのだが……。

自室に戻った後、重大なことに気付く。帽子が無い！　さっきまで確かに被っていた筈。が、どこを探しても無い。ベッドの下、浴室等々全て探したが、無い。ホテルのフロント、先ほどのオープンテラス、最後は今日来た巡礼路を数百メートル戻って探したが、無い。

うーん、困った。帽子は巡礼にとっては必需品。スペインの炎天下、これが無いと日射病等になりかねない。どこかで代わりの帽子を調達しないと……。フロントでチーフ格と思しき女性に相談。「困ったわね。もし帽子を買うなら街の通りに一～二軒、店があったと思うわ」とのこと。早速街の方へ。先ほどまでのほろ酔い加減は完全に消えていた。

午後の炎天下、帽子無しでトボトボ歩く。シェスタ中のためか大方の店が閉まっている。前方から来た巡礼らしい欧米系の二人の女性に、「帽子を売っているような店を知りませんか？」と尋ねる。すると、「帽子？　そう言えば、さっき行った食料品店に後ろにひさしの着いた帽子を売っていたわ」とのこと。

エウナーテの聖墳墓教会内部の祭壇

早速その食料品店に行く。夫婦と思しき店員が二人。拙いスペイン語で事情を説明。彼らが出してきたのはその「ひさしの着いた帽子」。何となく戦時中の日本陸軍のイメージだ。「うーん」と私が呟くと、彼らはスペイン語で何やら相談。ダンナが奥から持ってきたのが、ボルサリーノ型のパナマ帽。「うん、これいいね」。「値段は?」と訊くと、「四・五ユーロ(約五八〇円)」とのこと! エラく安い。訊けば「紙製」とのこと。まあいいじゃないの。暫く使ってみてダメならまた買えば……。ということでこれを購入。結局この帽子は私のお気に入りとなり、自宅に戻るまで四〇日以上、灼熱の太陽や雨風から私の頭を守ってくれた。

今日は色々あったが、巡礼の歩行を再開できたことが何より嬉しかった。今夜はぐっすり眠れそうだ。

●今日の宿
Hotel Jakue
75 ユーロ
（約 9,800 円）

プエンテ・ラ・レイナの通り。シェスタのせいか人通りは殆ど無い

コラム３

巡礼に便利なアプリ

「スマホ」は巡礼にとって今や必携品の一つではないか。充電器も含めると大分重くなるが、実際にこれを持っていくとその有難みが分かるだろう。さて巡礼関係のアプリはたくさんあるが、筆者が特に便利と思ったものを３つ挙げておこう。

①MAPS.ME（マップス・ドット・ミー。地図アプリ）
インターネット接続不要の地図アプリ（無料）。グーグルマップは基本的にはインターネット接続が必要だ。この場合接続料はかなり高額になることが多い。一方、このアプリはＧＰＳを使用して現在地等を把握するためインターネット接続は不要。自分の行きたい場所を指定すると現在地からのルートが表示され比較的簡単に目的地に行くことが出来る。但し事前に目的地付近の地図（例：巡礼であればスペイン北部やフランス南部等）の地図のダウンロードが必要（無料）。

② BUEN　CAMINO（ブエン・カミーノ。宿泊予約アプリ）
巡礼のための宿泊予約アプリは幾つかあるが、私が専ら使ったのはこのアプリ。「フランス人の道」等巡礼路毎に巡礼路図（標高図を含む）、各地の情報、宿泊施設を掲載。特に宿泊施設については宿泊予約サイト「Booking.com」と連動しており、ホテルのみならず一部のアルベルゲも予約可能。このサイトを使ってこれらを予約した場合、上記オフライン・ソフトの「ＭＡＰＳ.ＭＥ」を使用すれば、その宿泊施設までの道順が表示される。

③ VoiceTra（ボイストラ。音声翻訳ソフト）
音声翻訳アプリは多数あるが、私が最も使ったのはこれ。この開発者はNICT(国立研究開発法人情報通信研究機構)という日本の公の研究機関だ。現在31言語に対応しており、今も開発中で年々精度が上昇。このアプリの良さは、自分が話した言葉の翻訳結果が日本語に再度逆翻訳されること。これによって最初の翻訳結果がどの程度自分の言いたいことを反映しているかが確認できる。また使い方も非常にシンプルな点も有り難い。但しグーグルのような写真撮影による翻訳は出来ない。

巡礼六日目　5月23日（水）　歩行距離21・9キロ

プエンテ・ラ・レイナからエステージャへ温かいホスピタリティに感謝

巡礼仲間との再会

六時四〇分、宿を出発。五〜六分ほど歩くと、横手から「あらっ」と日本語が。誰かと見ると大野さん。彼女とはオリッソンとロンセスバイエスで同宿だったが、再会はそれ以来だ。彼女は昨晩このプエンテ・ラ・レイナのアルベルゲに宿泊したとのこと。一緒に歩きながら近況を話す。その後、彼女は近くのパン屋で朝食を摂るというのでここで別れた。

途中、昨日帽子を買った食料品店に立ち寄り、奥さんに昨日の謝辞を述べ、飲料水等を購入。

街外れの「プエンテ・ラ・レイナ」（「王妃の橋」）はエレガントだった。この橋は十一世紀半ば、ナバラ王サンチョ三世の妃ドーニャ・マヨールの命によって建造されたという。当時この近辺に橋は殆ど無く、巡礼は歩いて川を渡っていたため増水等でしばしば死者が出た。このため王妃の命で橋の建設に着手。難工事の末、漸く完成したという。早朝の川面は、過去の歴史が嘘のように静まり返っていた。

プエンテ・ラ・レイナから五キロ先のマニエール、そして更にそこから約三キロ先のシラウキまでは

これがプエンテ・ラ・レイナ（王妃の橋）

緩い上り坂。しかし足の方は休養の効果からか、支障なし。左右にはブドウや小麦の畑が延々と続き、頭上高くにはひばりだろうか、盛んに小鳥がさえずる。実にのどかだ。

一〇時過ぎ、シラウキの先の高架道路が見えるバルで

高架道路が見えるバル。ここのクロワッサンとスーモ・デ・ナランハ（生オレンジジュース）は絶品だった

休憩。ここではクロワッサンとオレンジジュースを摂った。合計四・五ユーロ。日本円に直すと約五九〇円。結構高いと思ったが、これらが絶品！　クロワッサンはパリ在勤時もよく食べたが、それらと比べても非常に美味かった。また後者は「ZUMO DE NARANJA」（スーモ・デ・ナランハ）という。沢山のオレンジを機械で潰し、そのジュースを背の高いグラスに注いでくれる。実に美味。この二つは今回の巡礼中、私の朝食の定番メニューとなった。

一一時過ぎ、ロルカの村を通過中、道端の店の椅子に腰かけている女性が、こちらに向かって「あー」という声。「多分、自分とは関係が無いだろう」と思い、歩き続けた。すると「あー、無視した」と確かに日本語。よく見ると金子さん。彼女とはオリッソンの宿以来だ。「ゴメン、気づかなかった」。彼女は昨晩、大野さんと一緒にプエンテ・ラ・レイナのアルベルゲに泊まったそうだ。「自分は歩き方が遅いので、先に出発するの」という。皆元気そうで何より。

ここで彼女と別れてロルカの村を抜ける。田園風景の中、細い道が続く。道の両側には黄色や赤の花々が咲き乱れている。その中をリュック姿の巡礼が一人、二人と歩いていく……。何とも言えないのどかな風景だった。

ヴィラツエラの街を過ぎると遠くに高い煙突が見えた。白い煙をモクモクと上げている。巡礼には似つかわしくないが、スペインは巡礼や観光だけで生きている訳でない。

エステージャのホステルはグッド・ホスピタリティ

エガ川の流れを見ながら進む。今日の目的地エステージャに到着。十一世紀後半、天から降り注ぐ星に導かれた羊飼い達が聖母マリア像を発見した。その場所に築かれたのがこの街だという。「エステージャ」という地名はカスティージャ語で「星」を意味するという、

街に入って急な階段を上った所にあるのがサンペドロ教会。十二世紀建立と伝えられている。教会見学等を終え、今日の宿の「アゴラ・ホステル」へ行こうと思い、何人かに尋ねた。しかし良く分からない。スマホで地図アプリの「ＭＡＰＳ・ＭＥ」を開く。こういう都市部ではこの地図ソフトは威力を発揮する。この時も直ぐに宿へのルートが分かった。

エガ川にかかる橋を渡って午後二時、漸く宿に到着、チェック・イン。受付の横には今朝のホテルで搬送を頼んだ私のリュックがあった。受付はアルフォンソさん。三〇代半ば位の黒髭の、とても人のよさそうな男性だ。ニコニコと自分の名札を指さし、「アルフォンと呼んで」。こちらも「タカと呼んで」。とてもイイ雰囲気。

彼は靴の保管場所や朝食の場所、シャワー室の使用方法等を丁寧に説明してくれた。施設もとても機

シラウキの先のローマ橋。男性巡礼が川辺で足を冷やしていた

能的。ベッドはカーテンで仕切られ、充電用コンセントを完備。個人用のロッカーが各人二つずつ。シャワー室はドライヤー完備。洗濯も「家内が六ユーロでやりますので出しておいて下さい」とのこと。かなり大量の洗濯物だったが、夕方にはきちんと畳んで返却された。

ここは「ホステル」という名称だが、彼はアルベルゲの「オスピタレイロ」という感じ。実に親切で心温まる対応だった。夕食は彼の紹介で近くのレストランへ。近所の人で満員だ。こういうところが不味い訳がない。彼のアドバイスは全てグッドだった。

温かい接遇に感謝しながら就寝。久しぶりに二〇キロ以上歩いた疲れも手伝ってすぐに眠りに落ちた。

エステージャのアゴラ・ホステルのアルフォンソさん。とても親切だった

●今日の宿
Agora Hostel
20ユーロ（約2,600円）
朝食込み

巡礼七日目　5月24日（木）　歩行距離21・5キロ

エステージャからロス・アルコスへ
多くの人と接し、考える

スウェーデンのシニア女性巡礼と語り合う

七時三〇分、宿を出発。

巡礼が一人、二人と前を歩く。その中の一人（彼は小柄だががっしりした体格）が大体私と同じペースだ。マラソンと同様単独で歩くよりも誰かの後につく方が楽で、道にも迷いにくい。ということでその人の後ろについいた。だが街外れの信号待ちで横に並ぶ形に。うーん。折角の機会だ。この人と話そう。するとと「彼」と思ったのは間違いで実は「彼女」だった。

ここで私の名刺を彼女に渡し、簡単に自己紹介。この名刺は今回の巡礼用に作ったもので、自分のニック・ネーム（ＴＡＫＡ－ＳＡＮ）等を記した六センチ角の小さなものだ。外国人に渡すのは彼女が初めて。代わりに彼女にはメモ用紙を渡し名前を書いて貰った。以来この方式で名前を書いて貰った外国人は二〇人近く。これらの人々と友好を深めるのにとても役に立った。

彼女の名前はシーグルンさん。スウェーデン人。六〇歳前後か。企業の社員だったが、「利益ばかり追求する姿勢に疑問を感じ」二〇年前に退職。今は同国で若者のドラッグ（薬物中毒）対策を行うカウンセラーをしているという。

若者のドラッグ問題は、「スウェーデンでは大きな社会問題。失業や家庭崩壊、更には暴行・殺人事件の増加を招いている」。そうか、知らなかった。スウェーデンと言えば、我々日本人には社会保障完備の、森と湖の美しい国というイメージだが。彼女によれば、若者の薬物中毒対策で重要なのは、「更生しそうな若者を昔のワル友から如何に引き離すか」。中毒に陥った若者を何とか更生させても、ワル友がまた誘い出し薬漬けにしてしまうケースが多いそうだ。また彼女は「中毒に陥っている子供の状況を如何に親にしっかり理解させるかも重要」と言う。どこの国でも親は子供の現状を直視できないようだ。

彼女の娘の話も聞いた。彼女の娘は交換留学でフランスに留学。英仏両国語に堪能で卒業後は国際機関に勤務。アフリカで警察官を養成する仕事に従事した。アフリカでは警官の給与は極めて低く、これが旅行者からの賄賂強要等に繋がっているという。結局、財政支援が乏しい現状ではこの問題の解決は困難ということで娘さんはこの仕事を辞めたそうだ。多くの事件や社会問題の根底には貧困がある。

結局彼女とは歩きながら、次のイラーチエの「ワイン飲み放題の蛇口」の先まで一時間以上たっぷり語り合った。充実した時間だった。

その後彼女と別れ、ヴィジャマヨール・モンハルディンの村を目指す。道は次第に上り坂に。遠くには薄く雲を纏ったカスティージョの頂きが見える。途中、大きなギターを背負った中年の男性と並んだ。テキサス在住のギタリストで、巡礼は何回も来ているとのこと。リュックは別送したそうだ。今晩は次のロス・アルコスでコンサートを開くという。巡礼にも色々な形態がある。「向こうの山の中腹には古い教会があるよ」と教えてくれた。笑顔がとてもグッドなイイおじさんだった。

その先は、十二世紀にムーア人が造ったというロス・モロスの泉。二層のアーチが美しい。噴き出し口からは大量の水が流れ出ていた。この泉を過ぎるとヴィジャマヨール・モンハルディンの村。先日のホテル経由、ここのアルベルゲを予約したが到着が早すぎ、ドアを叩いても電話をかけても応答なし。やむなくキャンセルすることとし次のロス・アルコスの街を目指す。

途中、道端でバイオリンとアコーディオンの合奏を聴いた。「枯葉」の曲を老カップルが奏でている。

スウェーデンのシーグルンさん。イラーチェの「ワイン飲み放題の蛇口」で

ギターを背負う巡礼。プロの演奏家だそうだ。とてもイイ笑顔。次のロス・アルコスで演奏会があるという。後方はカスティージョ山

意気はぴったり。若干のチップを入れた。物乞いとは違い、今回は芸術への対価だ。

一二時少し前、飲み物などの移動販売車があった。暫し休憩を、と思ってリュックを置き辺りを見回すと……。「ああ、タカさん!」。小西さんと久山さんだった。ほかに入間さんという若い女性もいた。小西さん達二人とはサン・ジャン・ピエ・ド・ポーで別れて以来六日ぶりの再会。彼らは帰国便の関係でかなり先を歩いていると思っていたのだが。そう話すと、「色々ありまして……」(小西さん)とモゴモゴ。入間さんが一人で心細そうだったので暫く一緒にということらしい。

その後、久山さんがリュックを背負おうとした時、彼の指が何かと接触しかなり出血。慌てて私達は絆創膏等を出そうとリュックをゴソゴソ。すると横からさっと「これを」とバンドエイドを差し出す人。韓国の若い男性だった。国籍を超えた機敏な行動に感銘を受けた。

手当が終わり、彼ら三人は先に出発した。後から出発

巡礼路で演奏する老カップル。とても息が合っていた

した私が途中で追い越す形になった。この辺りは私も足の調子が良く、かなりの速度で歩いていたが、やや調子に乗り過ぎていたのか。暫く進むと、後ろからしきりに呼ぶ声がする。振り返ってみると、数分前に追い越した米国人らしい三人の若者達だった。手前の曲がり角を指さし、「こっちだ、こっちだ」と手招きをする。どうやら左折すべき角を見落としたらしい。慌てて戻る。彼らに、"Thank you so much.You three are Saint Yacob for me!"（有難う、貴方達三人は私にとって、〈巡礼の道を導いてくれる〉聖ヤコブ様です！）と礼を言う。彼らはどっと笑い、"No problem"（とんでもない）と答えた。こういう交流は嬉しいな。

宿の一人暮らしの老主人を見て思う

午後一時過ぎ、ロス・アルコスに到着。さてどこに泊まろうか。すると左手路地の角に、"Casa Rural"（カーサ・ルーラル。一種の民宿）の看板。早速そのCRへ。出てきたのは気の良さそうな御爺さん。「ツインで三〇ユーロ、夕食は一二ユーロ、合計四二ユーロ（約五四六〇円）だよ」。即決した。部屋は二階できちんとしたベッドと小さなシャワールームがあった。出窓には綺麗な花々。結構グッド。洗濯は八ユーロ（約一〇四〇円）でやってくれるとのこと。

ここで午前中のモンハルディンの宿に電話で「キャンセルをしたい」旨連絡。こういう時は予め翻訳ソフト「ボイストラ」（コラム3参照）で、伝えたい言葉を日本語で話し、それのスペイン語訳が正しいかどうかを確認した上でメモ書き。電話ではこれを復唱する形だ。これで大体伝わった。

洗濯物を親爺さんに頼んで市内散策へ。バルの店先でトルティージャ（スペイン風オムレツ）等の軽食を摂る。日差しは強く、冷えた生ビールは最高！　店内では多くの客が楽しそうに歓談中だった。「シェスタ」真っ盛り。宿へ戻ると今夜の宿を探す巡礼達。が、もう空きはない。

七時になった。「夕食は七時から階上で」との話だったので階上へ上がる。突然、左手の小さな開き戸が開き、「ワンワン！」という犬の声。同時に大きな犬が私に跳びかかってきた。私は思わず「わあ！」とのけぞる。私は犬は苦手。この犬は御爺さんの飼い犬の「ハッピー」で茶系の三歳。お爺さんはハッピーを制しながら、私を席に案内してくれた。テーブルには、白いクロスがきちんとかけられ、赤いバラが一輪。質素だが心がこもっている。

食事はまず赤ワインからスタート。そしてスープ。彼が一人で料理を作っているようだ。次は、肉か魚かどちらが良いかと訊かれたので、肉を頼んだ。

肉料理が出るまでの間、部屋の隅の窓をぼんやり眺める。夕立のようだ。「明日は雨かな」等と思って窓の外をもう一度見ると、物干しには何か見覚えのあるシャツが……。あれ、あれは私のでは？　すると親爺さん、慌てて洗濯物を取り込んだ。がやや手遅れ。そこにまぎれもなく私の洗濯物！（食後、私はこれを自室のドライヤーで乾かすはめになった！）。

肉料理はステーキ。結構美味かったが、何かが足りない。すると彼も思い出したように、「スマンスマン」と言いながら塩をかけてくれた。どうやら塩を振るのを忘れたらしい。この間、私の左膝には

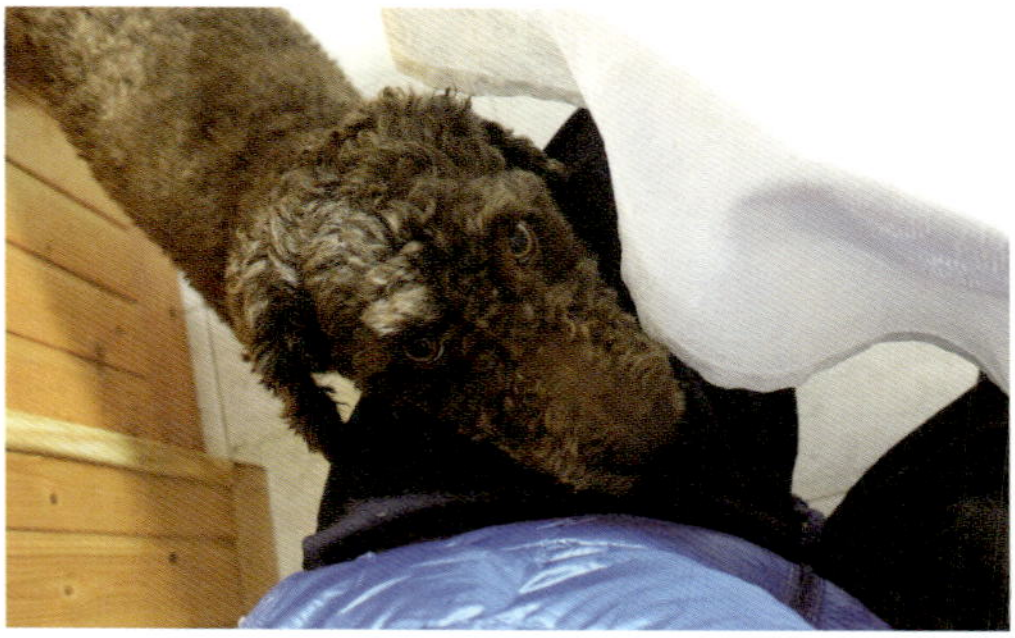

私の左膝にあごを乗せ、じっと見つめているのは……

ハッピーのあごがぴったりと乗っている。彼はじっと私の顔を見上げる。彼の息遣いが私の腿に直接伝わってくる……。こういう経験は後にも先にも初めてだった。

食事中は親爺さんと四方山話。途中からお互いフランス語が分かることが判明したので、その後は大分楽に。彼の名前はホセ。バスクのサン・セバスティアン出身で七八歳。二年前に奥さんを亡くし、今はここで一人暮らし。この宿も一人で切り盛りしているという。彼の今の楽しみは二人の孫娘の活躍ぶりを見ること。下の孫娘は馬術が得意だそうで国内大会優勝の写真を嬉しそうに見せてくれた。

ただ、彼の表情には時折、言いようもない孤独感が浮かぶ。ハッピーをわが子のように撫で慈しみ、語り掛ける姿が印象的だった。

今、自分は六八歳。彼の歳である一〇年後の七八歳にはどういう生活を送っているだろうか。自分の日常生活の大半は家内が面倒を見てくれている。仮に妻が亡くなった場合、彼のように一人で生きて行けるだろうか……。色々考えてしまった。

●今日の宿
Casa Rural（名称不詳）
30ユーロ（約3,900円）

巡礼八日目

ロス・アルコスからログローニョへ
これまでの最長の約二八キロを歩く

5月25日（金）　歩行距離27・8キロ

朝五時三〇分起床。六時半過ぎに玄関へ降りる。誰もいない。玄関は真っ暗で鍵を開けるのに一苦労したが何とか解錠。通りはまだひっそり。教会近くの食料品店へ。が、まだ閉まっていた。やむなく出発。すると雨がポツリポツリ。慌ててポンチョを取り出す。このポンチョは、裾が風で舞い上がらぬよう裾に紐を入れてある。家内の工夫だ。

途中サンソルの手前で遠くに金子さんらしき姿を発見。左カーブの坂道をゆっくり、ゆっくり上っている。遠くからは殆ど止まっているように見える。が、これが彼女のペース。日々歩く距離は私とは余り変わらない。「頑張ってね。でも無理をしないように」と声を掛けて先へ行く。

サンソルのアルベルゲで軽く朝食。注文を終え席に着こうとする

巡礼路を示す「モホン」（道標）。これだけが頼り

と、東洋系の一行数人が入ってきた。昨日出会った小西さん、久山さん、入間さんだった。他に若い男性が一人。彼とは初対面だったのでお互い自己紹介。彼の名前は高井さん。浅草在住で三〇代後半か。明るい好青年だ。今晩彼らはこの先のヴィアナ（ロスアルコスから一八・四キロ）に泊まる予定という。私はその先のログローニョ（同二七・八キロ）までの予定。ここで別れた。

サンソルから次のトレス・デル・リオまでは一キロ余り。間にリナレス川の谷がある。この谷にはかなり急な下りと上りがある。下り坂はジョン・ブライリーの地図でも「！」（要注意）マークだ。「慎重に、慎重に」と自分に言い聞かせて降りる。

トレス・デル・リオの村には古い教会があった。十二世紀に建てられたサント・セプルクロ教会で先日のエウナーテの聖墳墓教会と同じ八角形だ。ここでは二〜三歳ぐらいの男の子を背負ったカップル巡礼と出会った。男の子は盛んに泣いていたが、両親がなだめ再び背負う。この先、大丈夫だろうか。今回の巡礼では小さな子供を背負ったり、乳母車に乗せたりというカップル巡礼を何回か目撃した。日本だったら、「何と乱暴な親だ！」と非難されそうだが、こちらではそうでもないらしい。色々な面で彼我の違いがあることをここでも実感。

ログローニョの手前約四キロのクルーセからはナバラ州と別れ、ラ・リオハ州に入る。道の両側には、黄色い花をつけた低木帯が続く。重い足を引きずりながら歩く。何とか今日の目的地のログローニョに辿り着いたのは午後二時頃。ここはリオハ州の州都で人口約一五万人。「フラン人の道」ではパンプローナ、ブルゴスに次ぐ規模だ。朝出発してから二八キロ。これまでの最長距離だ。さすがに疲労困憊。

が、大変だったのはむしろここから。今朝出発の際、「学生時代の欧州旅行のように行き当たりばったりで宿を探すのも良いのでは」と考え宿の予約はせず。が、ジョン・ブライリーの地図でホテルを探したが見つからない。ならばインフォメーションで、と思ったが、今度はその場所が分からず。二〇〜三〇分後、何とか辿り着いた。が、そこには「午後の営業時間は四時から七時」との無情な表示。今はまだ二時半。あと一時間三〇分も待つ必要がある。シェスタの真最中だったのだ。全身に脱力感。ここでやむなく方針を変更。ブッキング・ドット・コムでホテルを予約することにした。が、近くに空き室無し。結局徒歩二〇分以上かかり一泊一一〇ユーロ（約一四三〇〇円）というバカ高のホテルを予約する羽目に！　足を引きずり、ホテルに着いたのは三時半近く。

さて今晩の食事。これは今日の道中、「今日の夕食は絶対中華！」と決めていた。疲労困憊、しかも朝はクロワッサン一個、昼食抜きという超飢餓状態。こういう時、頭の中には肉と野菜炒めのてんこ盛り、餃子と焼きそば、それに冷えたビールに白ワイン……。これらが次から次へと浮かんでくる。この夕食だけを目指して歩いてきたようなものだ。

海外を長く旅行していると、どうしても現地の食事に飽きてくる。そういう場合、日本料理屋があれば良いがまだ少なく、あっても「これが本当に和食？」ということも多い。その場合、助けになるのが中華料理。少し大きな街には中華料理屋は殆ど必ずある。しかも最近はスマホでその場所がすぐわかる。この時もホテルから二〇分ぐらいのところに中華料理屋があった。開店と同時に店に入り次々と注文。「こんなに食べられるのか」というボリュームだったが、結局殆ど全部平らげた。満足、満足。

黄色い花が美しい。この花は至る所で見かけた

今日は結構大変だったがこの夕食で少し報われた。人生、食事の良し悪しは重要だ。このことを改めて実感した。

リオハ州に入ったことを示す道標

●今日の宿
Hotel Ciudad de Logroño
110 ユーロ
（約 14,300 円）

巡礼九日目

ログローニョからナヘーラへ 今日も三〇キロ近く歩く

5月26日（土） 歩行距離28・9キロ

朝起きると窓の外はまだ真っ暗。雨の音が聞こえる。リュック・カバーやポンチョ等を準備。七時過ぎ、巡礼路に戻るため旧市街に向かう。

途中、正面に堂々たる教会があった。サンティアゴ・レアル教会だ。正面上部には白馬に跨った聖ヤコブの像。「モーロ人殺しのヤコブ」だ。「レコンキスタ」（コラム4参照）のさなかの西暦八四四年、

ログローニョのサンティアゴ・レアル教会。
建物上部には「モーロ人殺しの聖ヤコブ像」

キリスト教徒がこの近くのクラヴィッホでイスラム教徒と戦いを繰り広げたが壊滅寸前に。すると突然、白馬に跨った聖ヤコブ（サンティアゴ）が現れ、敵の北アフリカ系イスラム教徒（モーロ人またはムーア人）を撃破したという。どの時代にも戦争は尽きず、戦意を高揚する話が作られる。

さてこの教会の中から巡礼姿の女性が出てきた。大野さんだった。彼女とは三日前、プエンテ・ラ・レイナで出会って以来だ。昨晩彼女はこの教会のアルベルゲに泊まったとのこと。夜、宿泊者限定で教会内を案内して貰ったそうで、「誰もいない教会の中を見学するのはとてもレアな経験だった」。うーん、教会のアルベルゲに泊まるとそういう経験も出来るんだね。

彼女と暫く一緒に歩く。その後、雨脚が強くなったので、彼女は「雨具を取り出すので先に行って」という。「ではお先に」と先行。暫く行くとグラヘーラの貯水池が広がる。池に沿った巡礼路を進むうちに雨脚は更に強まる。池畔のカフェで休憩と朝食。芝生では白鳥の親子が仲良く散歩をしている。その間、雨脚は一層強まり雷鳴も混じる。うーん、ポンチョだけでは不十分だ。レインウエアの上下を着てその上にポンチョを被る。両手には手袋を着用。この装備でもこの後、結構濡れた。今回の巡礼では初めての豪雨となった。「いよいよ巡礼本番」という感じ。

一時間ほど歩くと、左手の丘の上に立派な角を蓄えた巨大な黒牛の看板が見えた。これが有名な「オズボーンの雄牛」だ（コラム5参照）。こうした看板はスペイン全土にあるという。ギョッとするが、日本の看板に比べると遥かに面白い。

更に行くと、青空が広がり、道の両側は一面のワイン畑。この辺りは有名な「リオハ・ワイン」の一

ブドウ畑。遠くの山には雪が残っている

大産地だ。ブドウの木は日本とは異なり高さ七〇～八〇センチの低木だ。それらが赤茶けた大地に整然と並ぶ。どの木にも緑の葉が生い茂り、青い実を沢山つけている。昔からこの辺りは貴族等が巡礼を厚くもてなしてきたが、そこにはリオハ・ワインの名を広め輸出を振興しようという狙いがあったという。中々の商売っ気！　巡礼中の食事は「メヌー」が多かったが、よく出てきたのが赤のリオハ・ワインだ。爽やかでしかも安価なのが有難かった。

ナヘーラの手前では村田さんとばったり。彼とはサン・ジャン・ピエ・ド・ポーでの七人の夕食会以来約一週間ぶりだ。彼は七〇代前半だが、ヨットによる日本近海周航や自転車でのライン川下り等で日焼けしている。今日はナヘーラの公営アルベルゲに泊まる予定という。

ナヘーラに着いたのは午後三時ごろか。ナヘーラは美しい清流沿いの街。川向うには赤茶けた岩壁がそびえる。川には洒落たデザインの橋が架かっている。土曜ということもあり、川岸の芝生には幾つかの大きなテントが張られ、軽快な音楽

遠くに見えるのはナヴァレッテの村。暫く雨は上がった

が流れていた。

今晩の宿は「ホスタル・イスパーノ」。今日は昨日を上回る約二九キロを歩いた。宿に着いたときはさすがにへとへと。右膝はともかくも今度は両足の親指と小指が痛くなってきた。フロントには二人のオバサン。とても気のいい人たちだった。

「沢山歩いたし、今日はとても暑いので喉がカラカラ」

「じゃあ、今一杯ビールを飲む？　すぐ用意できるわよ」

「えー、ホント！　でもこの後、シャワーを浴びて洗濯をしなければならないので」

「じゃあ、このペットボトルの水を持って行って」

夕食は近くのレストランで。近所の人達だろうか、二〇人近い人々が一つの長テーブルに座り、笑い声が溢れる。夕食後、ホテルに戻りフロントで宿代を精算。おばさんがオレンジなどを指さして「これ。食べる？」。とても美味そうだったので、「頂きます！」。先ほどの「ビール飲む？」もそうだが、こういったこぢんまりとした宿泊施設の方が、概してアット・ホームな雰囲気で親切だ。

●今日の宿
Hostal Hispano
85 ユーロ
（約 11,050 円）

コラム4

スペイン小史と「レコンキスタ（国土回復運動）」

ローマ帝国による支配とその後を受けた西ゴート族

イベリア半島は紀元前200年頃から紀元400年頃まではローマ帝国の支配下にあった。巡礼路の途中に残っているローマ橋やセゴビアの水道橋等はその名残りだ。

しかし紀元400年頃ローマ帝国の勢力が次第に衰えてくると、イベリア半島にはピレネー山脈を越えてゲルマン系の民族が侵入し始めた。中でもこの地に定着したのは西ゴート族だった。西暦507年、西ゴート族は西ゴート王国を建国、579年には首都をトレドに置き、589年には王国全体がキリスト教に改宗した。

しかし西ゴート王国は選挙王制をとっていたことなどから権力闘争が繰り返される等内紛が絶えず、その支配は永くは続かなかった。結局711年、イスラム教徒が侵入し西ゴート王国は滅亡した。

イスラムによるイベリア半島支配とレコンキスタ

その後、イスラム教徒（ウマイア朝）は僅か3年余りの間にイベリア半島の主要都市のほぼ全てを征服。756年には後ウマイア朝が興り、首都コルドバは1031年までイスラム王国全体の首都として栄えた。

一方、キリスト教徒による「レコンキスタ」（国土回復運動）も始まった。722年、アストゥリアス王ペラーヨがスペイン北部アストゥリアス地方のコバドンガの戦いでイスラム軍に勝利。以後キリスト教徒はアストゥリアス王国、カスティージャ王国（11世紀）、アラゴン王国（12世紀）を次々と誕生させ、レコンキスタを進めた。

そして1469年、カスティージャ王国のイサベル王女とアラゴン王国のフェルナンド王子が結婚、1474年以降両国を共同統治した。最後までイスラムが支配したグラナダも1492年陥落。レコンキスタが完了した。なおコバドンガは現在、レオン北方のロス・ピコス・デ・エウロウパ国立公園の一角となっている。

コラム5

「オズボーンの雄牛」

スペインを旅行していると時折道路沿いに黒い雄牛の巨大な看板を見ることがある。これが有名な「オズボーンの雄牛」だ。

これらはシェリー酒醸造会社として有名なオズボーン・グループが、その商品である「ヘレスのブランデー」の宣伝のため、1956年以降スペイン全土の主要道路脇に設置したものだ。なおオズボーン・グループは1772年シェリー酒製造会社として設立され、現在はシェリー酒やワイン、ミネラルウォーター等を製造・販売している。

設置開始当時の看板は、今のものより小ぶりだったが、道路から150メートル以内の広告活動を禁ずる法律の制定により、道路から少し下がったところに今のような巨大な看板を設置した。

更にその後1994年に道路脇の広告活動を全面的に禁ずる法律が制定されたことでこれらの看板も撤去される運命となった。しかし既にこれらの看板は全国的に有名となっており、その存続を求める声も強かった。結局最高裁は「既にこれらの像は風景の一部となっており、美的・文化的意義を有している」として存続を認めたという。

法律制定の趣旨も踏まえ現在ではブランド名等は全て塗りつぶされているが、依然、スペイン全土には91（2014年現在）の看板が残っており、メキシコにもやや異なるデザインではあるが似たようなものがあるという。

これが「オズボーンの雄牛」

巡礼一〇日目

ナヘーラからシルエーニャへ。「日曜休養」で軽めの歩行 多くの人との出会いと語らい

5月27日（日） 歩行距離15・7キロ

日曜日。軽めにゆっくりと歩く

今日は日曜日。ここ数日、足の小指等が痛い。このため今日は短めの距離をゆっくり歩くことにした。途中からは延々と上り坂が続く。周囲は見渡す限りの緑だ。道路沿いには日陰は全く無く強い太陽がじりじりと照り付ける。カフェ等も一切無し。遠くの巡礼の姿だけを必死に追う。

上りきったところで漸く木陰を見つけ、ペットボトルの水を飲む。ヤレヤレ。歩行再開。数分行くと緑の木々に囲まれた場所を発見。カンポ・デ・ゴルフの休憩所だ。これが分かっていたらさっきは休まなかったのに……（ピレネー初日も同じようなことをやった）。

さて、今晩の宿泊地のシルエーニャの「カーサ・ヴィクトリア」に着いたのは午前一一時半。チェック・インにはまだ早すぎるかな。一応、ドアベルを鳴

朝のナヘラの街。ナヘリジャ川と赤い壁

らしてみる。すると、中からお婆さん。「まあ、随分お早い到着ね！」と。サロンに通してくれミネラルウォーターまでサービス。

やがてお爺さん登場。パスポートやクレデンシャルを出して手続きをして貰う。テレビはサッカー番組を放映中だ。確か昨晩は欧州チャンピオンズ・リーグの、スペインのレアル・マドリードと英国のリヴァプールとの決勝戦だった筈。お爺さんに「どっちが勝ったの？」と訊くと、にっこり笑って「レアル・マドリード！」と。ここで彼と固く握手。私はどちらの国のファンでもないが、ここはスペイン。この国の英雄的存在のレアルが優勝したのなら、そこは率直に祝福すべき、との「高度の政治的判断」？

「夕食は午後七時から。普通のメヌーとヴェジタリアン向けと二つあるけど、どっちにする」とお爺さん。「普通のをお願いします」と返答。「了解。夕食は近くのアルベルゲだからね」。「えー、ここではないの。遠いのでは？」と訊くと、「歩いてほんの数分」とのこと。先方がそう言う以上止むなし。宿泊代の支払いは「カードでＯＫ？」と訊くと、「ダメ、現金で」。こういう場合に備え、ある程度の現金は絶対必要だ。

部屋でシャワーと洗濯。今日は時間がたっぷりあるので、ウォーキング用のパンツ（ズボン）のほか、就寝時用のパンツ等も盛大に洗濯。後者は日本出発の際、荷物が重くなるので一旦は除いたが、持ってきて大正解。外出用パンツで寝袋で寝る人もいるが、降雨時や汚れなどを考えると別のパンツは必須だ。干場は中二階。強い日差しと適度な風でよく乾きそう。

夕食会で色々な人と交流

七時からの夕食に備えアルベルゲへの道順を訊くため階下のサロンに行く。ところが誰もいない。困った。おじいさんは「近いよ」と言っていたが……。地図アプリで調べると、「八分」との表示。ウソ、そんなにかかるの。しかも道の表示もアバウト。やむなくスマホ等を持って外へ。案の定、道が良く分からない。

道端におじさん達が六〜七人たむろしていた。スペイン語で「アルベルゲ・ヴィクトリアはどこ?」と訊く。地場の人はまずスペイン語しか話せない。この場合、片言でもスペイン語が話せると非常に助かる。私の場合、NHKラジオの「まいにちスペイン語」講座入門編(二〇一七年一〇月〜一八年三月。前年四〜九月分の再放送)を徹底的に活用した。この講座は丁度スペイン旅行がテーマとなっており非常に実用的。日本出発時には、簡単な会話ならカタコトではあるが何とか話せるようになっていた。さておじさん達は口々に「ああ、それならあそこだよ」。通じたようだ。大分先に確かにそれらしき建物が見える。

結局、宿を出て一〇分以上かかって漸くそのアルベルゲに到着。すると奥の部屋から何やら大勢の話し声。イヤな予感。私が泊まったのは民宿の個室で当然、夕食は個別のテーブルでのんびりと思っていた。しかし、ひょっとしてここは一つのテーブルに全員着席する方式かも? 室内に入ってみるとその予感が的中。長テーブルに十数人が既に着席。空いているのはいわゆる「議長席」(短辺の一人席)のみ。私がそこに座ると、皆の視線が一斉にこちらに注がれた。

ここで覚悟を決めた。「今日は友好親善と外国語会話練習の日」と。近くの人にまず英語で簡単に自己紹介をして雑談開始。この頃食事もスタート。先程、カーサでチェック・インをしてくれた老夫婦がエプロン姿で料理をかいがいしく運んでくれる。道理でカーサのサロンに居なかったのね。

右隣のおばさん達の会話に耳をそばだてて聞くと、これがフランス語。恐る恐るフランス語で話題に入る。オバサン驚いた様子で、「フランス語が話せるの?」「ほんの少し。パリに住んでいたので」「パリはどこに住んでいたの?」「一六区のラジオ・フランス（国営放送局）のそばです」「まあ、ラジオ・フランス！　あそこのそばには妹夫婦が住んでいるわ」と。そこからはズンズン早口のフランス語で迫る。「ちょ、ちょっと待って、ゆっくりお願いします」。

私の左隣は六〇代後半位の欧米系の白髭の男性。彼はフランス語はダメらしく専ら英語とスペイン語。何となく人の良さそうなおじさん。話が弾む。彼に例の私の名刺を渡し、名前記入用のメモ用紙に名前を書いて貰った。

彼はシャルル・ボワッソウさん。米国人で六九歳。名前からするとルーツはフランス系のようだが、ヴェネズエラ生まれでその後三年間メキシコに在住。スペイン語が上手な訳だ。その後ニューヨーク市当局のビル管理部門のメカニック・エンジニアをしていたという。数年前にリタイア。巡礼は初めてで、専らアルベルゲに泊まっていると言う。

私の方からは日本の抱える問題、特に少子化や財政赤字、私大の経営などを中心に話した。話の主導権を相手が持つと、どうしても訊き返すことが多くなる。リスニングの練習には良いのだろうが、余り訊き返していると相手も離れてしまう。こういう時はまず喋ることが重要。ということで、自分の得意領域の話題になる。彼も意見を言ってくれた。

「少子化問題は、やはり日本政府が補助金拡大で保育園等の拡充を図るべきではないのかね」

「確かにそうだ。が、それは財政赤字拡大を招き恐らく増税が必要。が、国民は総じて増税には消極的だ」

「うーん、それは困ったね」

別れ際に彼は、「ホテルに泊まるよりもアルベルゲの方が良いよ」とアドバイス。うーん、考えておきます。

最後に皆に「ブエン・カミーノ」と言って外へ。すると何と雨が降っている！　困ったな。傘は持っていないしそれに宿には洗濯物が……。するとアルベルゲの人が「カーサに戻るのなら車で送るわよ」と。有難い。お言葉に甘える。宿に着いて物干し場に急ぐ。そこには雨水が滴り落ちる私の洗濯物が……。ああ、やっぱり。仕方がない。が、今日は充実した一日だった。

この人がシャルル・ボワッソウさん。中々味のある人だった
右の青い服の女性とはその後、何回か出会った

●今日の宿
Casa Victoria
46ユーロ（約5,980円）
別途夕食代9ユーロ
（約1,170円）

巡礼一二日目

シルエーニャからベロラードへ。再び三〇キロ近く歩く　地元の人に助けられ、逆に他の巡礼仲間を慰める

5月28日（月）　歩行距離28・2キロ

寒村の荘厳な祭壇に圧倒される

朝五時に目が覚めた。昨晩は結構冷え込んだ。日本から持参した軽量ダウンジャケットが大活躍。外からは鳥のさえずり。小窓を開けると真っ暗だったが確かな雨音。うーん雨か。

出発は六時三五分。街の外へ出ると両側は草原続き。前後には人っ子一人いない。おまけに雨で薄暗い。正直心細い。突然、右側の草むらから、「ガサガサ」という物音。思わず身構えると鳥が数羽飛び立った。ヤレヤレ。

この辺りは真っ直ぐな一本道が延々と続く。この風景もスペイン巡礼の代表例の一つ。晴れた日はさぞ気持ちが良いだろう。が、こうして一人で歩くのも悪くない。

昨晩の米国の「白髭」のシャルルさんの言葉を思い出す。

シルエーニャ郊外の早朝の巡礼路。真っ直ぐな道がどこまでも続く

「大学改革？　大変だったんだろうな。でもYOUはリタイアして完全にフリーの身。いつまでもあれこれ過去を振り返る必要はないのではないか。今という時間を十分エンジョイしろ。YOU ARE FREE!」

確かにそうかも。

次の街サント・ドミンゴ・デ・ラ・カルサーダに着いたのは八時少し前。街の名のカルサーダとは石畳の道のこと。この街は、十一世紀にこの付近のカルサーダや橋、救護院等巡礼用施設の建設に生涯を捧げた聖ドミンゴによって拓かれた。その遺骸は街のカテドラルに埋葬されているが、祭壇の上の鶏舎にはつがいの白い鶏が飼われている（コラム6参照）。この鶏の「いわれ」を聞くにつけ、怖いのは女性の怨念？

カテドラルに着いたのは八時。ところが正面の入口には「開場は午前九時から」との冷たい表示。ウソ！　ここは教会の筈。九時オープンというのは殆どお役所と同じではないか。一時間も待つ暇はないので入場を諦め近くのバルで朝食を軽く摂って再び出発。

次のグラニオンまでは国道を右に見ながらの緩い上り坂。グラニオンは小さな村という感じだった。教会があったので入ってみる。

入って驚いた。正面には高さ十数メートルは優にあろうかという金色に輝く祭壇。その一番上には磔刑に処せられるイエスキリスト像。それを囲むように数々の像が格子状の枠の中に並び燦然と輝いている。余りの荘厳さに、思わずひざまずきそうになった。人影もまばらな片田舎にこんなに立派な教会があるとは！　これだけの祭壇を作るには膨大な年月と人力、そして財力が必要だっただろう。改めてカソリックの影響力の大きさを感じた。

グラニオンを出ると、ラ・リオハ州と別れ、カスティージャ・イ・レオン州に入る。暫く行くと小高い所に展望台があった。周囲は緩やかな起伏で、見渡す限り緑、緑、緑。

グラニオンの教会内部。とても荘厳な雰囲気だった

ヴィロリイア・デ・ラ・リオハの村を出ると道が分からず。ウロウロ。すると、米国人らしい二人の女性が「こっち、こっち」と手招きをする。「ムーチャス・グラシァス」とお礼を言って後に続く。暫く行くと今度は後ろの方で口笛が聞こえる。犬でも呼んでいるのかな？ どうも違う。口笛は確かにこっちの方向に向けられている。後ろを振り向く。遠くで若い男性が腕を大きく振って「戻れ、戻れ」。どうやら我々は道を間違えたらしい。慌てて戻り、礼を言いながら方向転換。ヤレヤレ。

地元の人達に助けられたのは今回だけではない。確かこの前もあったし、この後も何回もあった。巡礼やお遍路はややレジャー化していると言われるが、本来は信仰心に基づくもの。場合によっては命を賭して行うこともある。その崇高な気持ちは地域の人たちの心を強く打ち、それが「お接待」等の奉仕の精神を生むのだろう。巡礼は地元の人たちによって支えられている。

巡礼仲間を慰める

今日の目的地のベロラードまであと数キロというところで大野さんと遭遇。一昨日、ログローニョで別れて以来だ。今日は元気がない。訊けば「幾つか前の村の移動販売車で財布を置き忘れたらしい」とのこと。現金は少ししか入っていないが、クレジットカードが入っているという。かなりしょげている。放置も出来ないので一緒に歩いて話を聞く。

「普段からお財布等には十分注意している積りなんだけど。疲れがたまっているのかもね」

「うーん。分るよ。自分も先日帽子を失くした。疲れで注意力が散漫になっているのかもね」

「ログローニョのサンティアゴ・レアル教会のアルベルゲに泊まった時、宿泊料は寄付制だったけど、寄付をするのを忘れてしまったのね。あの時のバチが当たったのかな」

「そんなことはないと思うよ。巡礼中に持ち物を失くすと、もの凄く自分を責めるんだけど余り責めない方が良いよ。誰かが気が付いて届けてくれているかもしれないし。宿に着いたらオスピタレイロに頼んで、警察等に連絡をして貰ったら。クレジットカードは早めに使用中止の手続きをしておいた方が良いよ」

「そうね」

こういう会話をしながら付き添って歩くこと約一時間。彼女は次第に元気になっていった。

今日の目的地ベロラードの入口にある「ホテル・ア・サンティアゴ」に着いたのは午後二時半頃。入口には色とりどりの国旗が立ち並ぶ。やや落ち着きに欠けるが、まあいいか。彼女は街なかのアルベルゲに泊まるという。チェック・イン、シャワー等「ルーティン・ワーク」を終え本館のバルで焼き鳥風のタパスをつまみに生ビールで乾杯。

夕方、同じバルで食事を終え部屋に戻ると携帯電話に留守電。大野さんからのもの。

「大野です。先ほどは有難うございました。お陰様で財布が見つかりました。有難うございました」

ヤレヤレ。良かったね。これで彼女も元気になるだろう。

明日は天気になってくれるとよいが、と祈りつつ就寝。

●今日の宿
Hotel A Santiago
30ユーロ（約3,900円）

コラム6

サント・ドミンゴのカテドラルの鶏

昔、老夫婦とその息子が巡礼中この街の宿に着いた。すると、その宿の主人の娘がこのハンサムな若者に一目ぼれ。盛んに彼に言い寄るが彼は全く無視。怒った娘は一計を案じ、若者の荷物に銀のコップを忍ばせた。当時は盗みを犯した者は死罪に処せられることとなっていた。

無実の罪を着せられた息子は捕らえられ絞首刑に処せられることに。絶望の中、両親は巡礼を続ける。そして巡礼を終えて戻ってきた両親は、絞首台で奇跡的に生き延びている息子を発見。聖ドミンゴのご加護によるものだった。

両親は直ちに領主のもとへ行き、息子を絞首台から降ろしてくれるように嘆願した。しかし食事中の領主は、「息子が生きている？　それはこのテーブルの上の鶏が鳴き出すのと同じであり得ない」と言って全く信じない。ところがその直後、テーブル上の鶏が高らかに鳴き出した。このため領主は直ちに息子を解放したという。この故事にちなんでこのカテドラルにはつがいの白い鶏が飼われている。

これも道標の一つ
巡礼には有難い

巡礼一二日目　5月29日（火）　歩行距離30・3キロ

ベロラードからアタプエルカへ　今日も三〇キロ歩行

バルで肝を冷やす

出発は七時三五分。今日はアタプエルカまでこれまでの最長の三〇・三キロを歩く予定。曇り。先行する人影は殆ど無し。やや心細い。途中のヴィラム・ビスティアの村付近で、片方のストックが壊れた。テープで応急修理。いずれどこかで代わりを買わねば。

ヴィジャフランカ・モンテス・デ・オカの村を過ぎるとかなり急な上り坂が連続する。

一二時少し前、戦没者慰霊碑の前に着く。この石碑には「1936」という数字と鳩の絵が刻まれている。この碑は一九三六年に起きたスペイン内戦の犠牲者を弔うために建立された。この内戦は人民戦線内閣と、フランコ将軍を中心とする右派の反乱軍との戦いで、ドイ

スペイン内戦戦没者記念碑

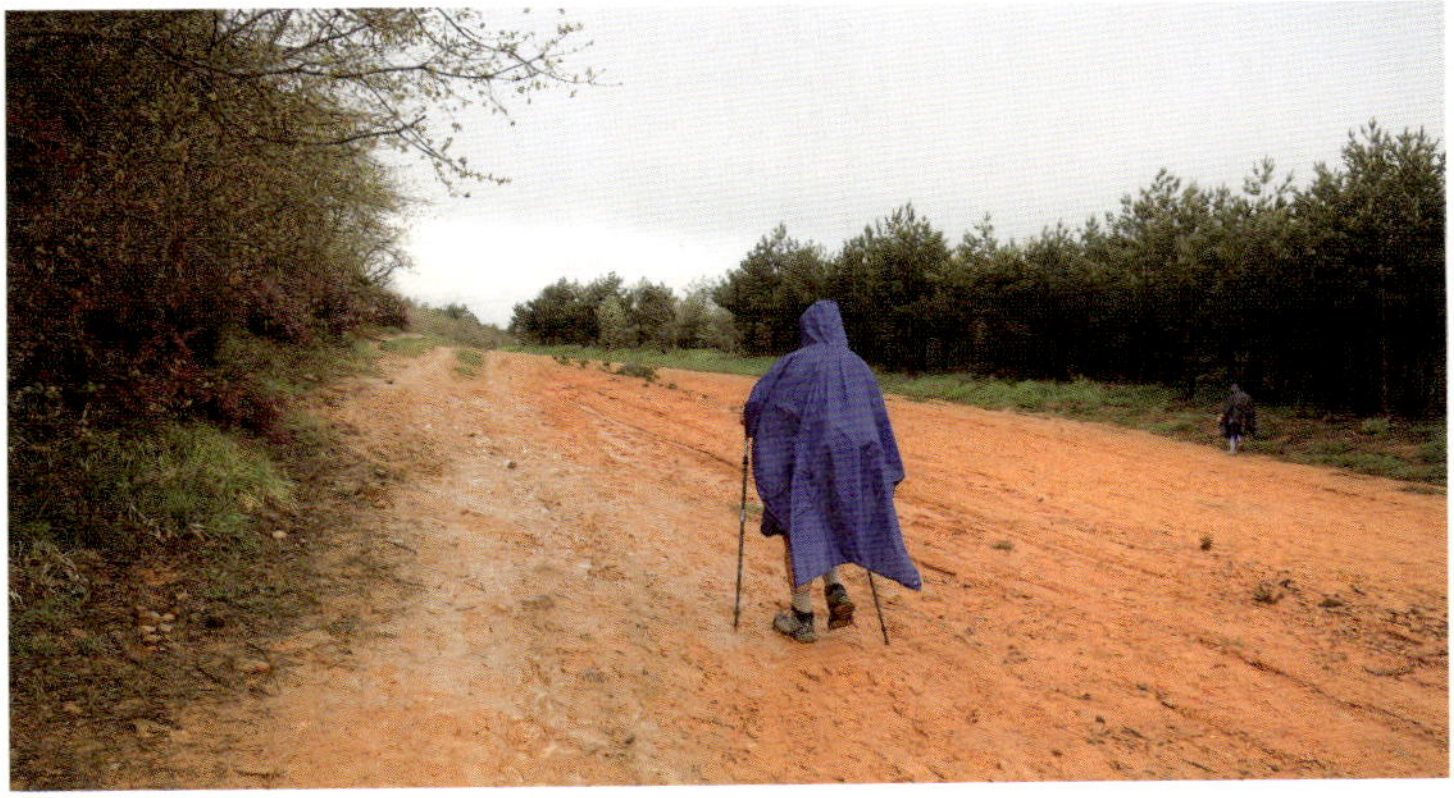

赤茶けた泥道。ぬかるんでいるため中々前に進めない

ツ・イタリアの支援を受けた反乱軍が一九三九年四月に最終的に勝利し、フランコ総統の独裁政治体制が確立。以来一九七五年までその体制が続いた。内戦では両軍合わせて死者六〇万人、傷病者一五〇万人を出した。どこの国にも戦争にまつわる悲しい歴史がある。

この慰霊碑の近くで少し休憩を、と思ってリュックを置くと、どこからか"Hay! TAKA-SAN !!"という声。一昨日の「白髭」のシャルルさんだった。「やあ、やあ」と再会を祝して握手。少しでも知っている人と会うと、百年の知己に再会したかのように嬉しい。彼は欧米系の人達と一緒だ。立ち話をして「ブエン・カミーノ」と言って別れた。

このころから雨が降り出した。慌ててポンチョを着る。ペロヨの小川の谷を下り、今度は見上げるような上り坂。そこを上がるとペドラハ峠付近の道は赤茶け、折から強くなった雨で完全に泥沼状態。強い雨の中、この泥道を延々一時間近く歩く。途中、テントを張って音楽をガンガンかけている車が一台。四〇歳位の女性一人が切り盛りするボランティア・カフェだった。軽快な音楽に合わせ先ほどのシャルルさん達が軽くダンス。ここだけは別世界のようだ。さすがにダンスは遠慮したがジュースは有難く頂戴。二ユーロを寄付。

午後二時頃、サン・フアン・デ・オルテガに到着。教会、アルベルゲ、ホスタル、バルが各一つという本当に小さな村だった。ジョン・ブライリーの地図にも「人口二〇人」とあり納得。

バルで休憩。一人の男性スタッフが実によく働いていた。次々と現れる客に笑顔で「ブエノスディアス」と言いながら応対。注文の品を手際よく用意していく。うーん、凄い。彼の写真をと思ってシャッターを押すと、彼は自分の手で顔を覆ってしまった。どうしたの？

やむを得ず改めてスペイン語で彼に「写真を一枚撮って良いですか？」と訊く。すると彼は、「これだからアメリカ人はイヤだ」と。こちらは、「えっ！　何か気に障ることをしたのかな？」と緊張。彼は私の方に歩み寄り、「カメラをよこせ」と。いよいよ大変！　恐る恐るカメラを彼に渡す。すると今度はニヤッと笑って「一緒に撮ろう！」なあんだ、彼一流のジョークだったのか。やれやれ。笑顔の彼と改めて二人で記念撮影。肝を冷やした数分間だった。

歩行再開。漸く雨は止んだが、疲労はかなり溜まり両足の指も痛い。道の両側は草原が続く。緩い上り坂の遥か向こうにアタプエルカの村らしきものが見える。が、そこからが遠かった。

チェック・インが出来ない！

アタプエルカに着いたのは午後三時半過ぎ。街の入口には原人風の男性の大きな看板が。この近くで約八〇万年前の人類の化石（アタプエルカ原人）が発見され、二〇〇〇年にユネスコから世界文化遺産として登録されたことを記念したものだった。

さて今日の宿「カーサ・ルーラル・パパソル」に着き、バルのカウンターで名前を告げチェック・イン手続きへ。すると、受付のお兄さんは、難しい顔で「予約はあるのか？」と訊く。「ブッキング・ドット・コムで予約をした」「そういう名前の予約は無いよ」「そんな筈はない」「ではその確認書を見せて」「確認書は無いが、ブッキング・ドット・コムの予約がスマホで確認できる」。

彼は英語は殆どダメ、横にいたお姉ちゃんが彼の言い分を通訳。かれはパソコンで調べ始める。暫くして「貴方の予約はキャンセルされている」。ウッソー！　そんな訳はないだろう。スマホの画面には「予約済み」と表示されているではないか。

すると彼は、「元々貴方の予約は系列のカーサの方だったが、それはキャンセル済みだ。ここはホテルで既に満室だ」「それはおかしい。きちんと調べてほしい」……。こういうやり取りを延々二〇分以上。すると、「あと五〜六分でカーサの担当者が来る。それまで待て」と。

その五〜六分が経っても誰も来ない。待つこと更に一〇分ほど。漸く別のスタッフが来て英語で、「カーサは満室のため、こちらのホテルに貴方の部屋を確保した。料金は貴方が予約したのと同じ四五

サンファン・デ・オルテガのバル。きびきびと働くスタッフ。改めて二人で記念撮影。ヤレヤレ

ユーロだ」とのこと。よく分からないがとにかくヤレヤレ。

既に午後四時半頃。急いでシャワーと洗濯。その後、バルで一杯と思い階下へ。バルは超満員。さっきの受付のお兄さんが注文を捌いている。先ほどの難しい表情とは打って変わって快活な表情。こちらが普段の顔なのだろう。一〇分後、漸く生ビールにありつけた。

夕食は午後八時から。私以外に二組三人の宿泊客がテーブルに着いた。夫婦が一組。男性が一人。いずれも欧米系で三人とも六〇歳前後か。折角の機会なので例の名刺を渡し自己紹介。彼らにも名前を書いて貰う。

夫婦はご主人がポール・コナーズさん、奥さんがベアタ・コナーズさん。オーストラリア人。男性はデニス・カルレンスさん。ベルギー生まれだが今はスイスに居住しているとのこと。

まずは今回のワールドカップ・サッカー優勝チーム予想から。

デニスさんは「スイスかベルギーだね。でも両国、特にベルギーは選手のレベルは高いが大半の選手が国外チームの所属で、チームとしての纏まりは今一つ」とのこと。

コナーズ夫妻は「当然、オーストラリア」。奥さんはサッカー通で「楽天傘下のチーム（注・ヴィッセル神戸）に今度スペインのバルサ（ＦＣバルセロナ）のイニエスタが入るのよね」と。恐るべきサッカー・フリーク。話題は宗教の話にも。私からこの問題に入る。

「巡礼路では小さい村でも立派な教会があった。カソリックが人々の生活に深く根差しているように感じた」

「オーストラリア人から見てもそう思う。豪州ではキリスト教は急速に分化している。価値観が多様化している」

「スイスでは多くの人がプロテスタント。教会はチャーチと呼ばず、テンプルと呼ぶことが多くキリストを崇めることより労働の大切さを教えることの方に力点がある」

「日本人の大半は一応仏教徒だが、多くの人は事実上、殆ど無宗教だ」

夕食終了後もバルのカウンターで四人で懇談。何とあのお兄さんが我々にブランデーを差し入れてくれた。勿論彼のおごり！　いやあ、彼と和解出来て何より。

今日は何度もどうなることかと思ったが、ヤレヤレ。色々学んだし、皆さんに感謝。

●今日の宿
Casa Rural Papasol
45 ユーロ（約 5,850 円）

巡礼一三日目　5月30日（水）　歩行距離20・0キロ

アタプエルカからブルゴスへものを失くして色々考える

大型車が疾走する国道を歩く

朝、ホテル出発時に玄関錠が開かず。スイスのデニスさんの助けで何とか解錠。今度は街の外に出る道が分からない。リュック姿で歩く二〜三の人影を発見。慌ててその方向へ急ぐ。朝、道に迷うのはこれで何回目か。

途中オルバネハのバルで朝食。カウンターに美味そうなソーセージ状のものがあった。お姉さんに注文すると「あ、チョリソーね」と。これがチョリソーか。名前は聞いたことはあったが。これはイベリア半島発祥の豚肉のソーセージでニンニクやパプリカ、塩などを混ぜて作るという。

巡礼開始以来、朝はクロワッサンとオレンジジュース程度。全く何も摂らないこともしばしば。昼食も摂らないこともある。このため午後三時頃になると猛烈な空腹感に襲われる。「体に良くない、もう少ししっかり栄養を取らねば」と思っていたところ。このチョリソー、ピリ辛で結構美味い。病みつきになりそう。

バルのトイレで空くのを待っていたら、中から出てきたのは白髭のシャルルさん。また会えた。"Hay TAKA-SAN! How are you?" 彼も元気そう。「ブエン・カミーノ」と言って別れる。

広大な緑地のブルゴス空港や列車の姿を見ながら進む。大都会ブルゴスは近い。前方には巡礼らしき男性が一人のみ。彼に遅れまいと必死についていく。結果的に国道1号線を歩くことに。横を大型トラック等が疾走する。ヒエー、勘弁して〜。この道を延々二時間近く歩く。

一一時半頃、ブルゴス市内に入った。が、市内中心部にある、今日の宿の「ホスタル・ブルゴス」まではまだ大分距離がある。ブルゴスはブルゴス県の県都。人口一八万人で巡礼路ではパンプローナに次ぐ大都会。改めてその大きさを実感した。

アルランソン川沿いの、大きな木々に囲まれた公園風の美しい散策道を横に見ながら歩く。そろそろ宿の近くに来ている筈だが……。立ち止まって地図を見ていると、通りがかりのご婦人が声をかけてくれた。「ミュージアムか何かをお探し?」「いえ、ホスタル・ブルゴスという宿です」と答えると、「ああそれならあそこですよ」と教えてくれた。有難い!

洗濯物が無い!

ホスタル・ブルゴスに漸く到着。受付のお姉さんに名前を言ってチェック・インを、と思ったら彼女、「チェック・インは一時からよ!」。今は一二時三〇分。随分厳格だねー。やむなくリュックを預け買い物に。代わりのストックを買わなければならない。彼女に「スポーツ用品店はどこ?」と訊くと、「歩いて六~七分のところ。でも小さいわよ。大きな店はここから三〇分ぐらいかかるわ」とのこと。「近い方に行ってみる」と伝えると、彼女は、わざわざホスタルの前に出て行き方を説明してくれた。彼女、取っ付きは悪いが、意外と親切。

教えられた通りに行くとその店があった。確かに小さい。店主に「ストックは?」と訊くと、「?」スペインでは「バストン」と言うらしい。漸く通じて彼が出してくれたのは一本の「バストン」。二本組ではなく本当に一本だけ。他の選択肢は無い。ここでの購入はひとまず断念。

その後、ホスタルに戻りチェック・イン。先ほどの彼女が「朝食は朝六時半から。チェック・アウトは一一時よ。部屋の鍵は必ずフロントに返してね」等と細かく指示。鍵とシーツを受け取り指定の部屋に行く。ところが鍵がどうしても開かない。やむなくフロントに降り事情を説明。先ほどの彼女、「分かったわ。三~四分後に行くわ」とのこと。数分後彼女が到着。説明をしながら開けてくれた。大体理解したつもり。

しかしその後、自室でシャワーを終え、同じ階にある洗濯機(一回四ユーロ/約五二〇円)と乾燥機(同三ユーロ/約三九〇円)を使おうと

これがスーモ・デ・ナランハ(生オレンジジュース)の絞り機

ブルゴス市内のアルランソン川沿いの遊歩道。緑が深い

室外に出て鍵をかけようとすると閉まらない！　ウッソー！　やむなく再びフロントに行き、先ほどの彼女に事情を説明。彼女、「またなの？」という感じがありあり。スイマセン、どうも頭が悪くて……。二〜三分後、彼女が来てくれて再度繰り返し説明をしてくれた。漸く納得。こちらのドアのカギは大半のものが二回、回さないとロックされない。またここの鍵はかなり固い。いずれにしても暫く軽い「外出恐怖症」に陥った。

さて洗濯物を乾燥機に移そうとしたら、無い！　靴下の片方が無いのだ。洗濯機の中や周辺を探したが見つからない。「持ち物が無くなる」というのはこの巡礼中これで四回目。

巡礼では毎日、リュックを詰め直す。その際、所持品の有無はある程度点検する。が、疲労が重なってくると、それが甘くなり物を失くす。大野さんの財布紛失はその典型だ。彼女はその前にハンカチを失くしたという。ピレネーでは黒田さんがボールペンを失くした。

巡礼中、それまで使っていた物が、突然失くなるというのは結構ショックだ。これは体験しないと理解できないだろう。巡礼で何日も旅を共にしているうちにそのものが「同行者」のように感じられるからかもしれない。

物を失くすと、なぜか自分を責める。大野さんもそうだった。「毎日しっかり点検をしていたんだけど」「宿泊料が寄付制のアルベルゲで寄付を忘れたことへの罰かも」と。彼女ほどではないが、モノを失くした喪失感から回復するには私も暫く時間がかかった。

「喪失感」という点では、身内の死もそうかもしれない。身内がある日突然この世から消える。それを取り返そうと思っても、どうすることも出来ない。その喪失感は計り知れないほど大きい。それを癒すのは時間だけかもしれない。巡礼は実に色々なことを考えさせてくれる。

ブルゴスの宿（ホスタル・ブルゴス）のルームキー。これが難物だった

さて例のストックの件。ネットでスポーツ用品店を探すとホスタルに近いところに一軒あった。この店でストックや帽子、五本指の靴下などを購入。計一〇二・五〇ユーロ（約一三三二〇円）。結構高いがやむを得ず。店を出ると突然の雨。通りの電光表示の気温は何と摂氏一三度。かなり肌寒い。五月末の気温とは到底思えない。ウルトラライトダウンが大活躍。

今日の夕食は当然中華。満足、満足。

●今日の宿
Hostal Burgos
53.5 ユーロ（約 5,950 円）

巡礼一四日目　5月31日（木）　歩行距離1・0キロ

ブルゴスからカストロヘリスへ両足の指が痛み、バス便に変更

親切な店員に感謝

今日は色々考えた末、四〇キロ先のカストロヘリスまでバスで行くこととした。過去一週間程、三〇キロ近く歩く日が多く、歩く速度も結構速かった。右膝の痛みは何とか治まっているが、今度は左右の足の指がかなり痛い。「無理は禁物」ということでバス便に変更。

幸い、ホスタルに隣接するバスターミナルからはカストロヘリス行のバスが出ている。今日木曜日は一七時三〇分発だ。それまでは市内散策とタオル等の買い物にあてよう。そう決めて部屋を片付け室外に出る。廊下では「鍵が閉まらない」と難儀している宿泊客を見かけた。そうだろう、そうだろう。私だって物凄く苦労したのだから……。

荷物を預けまず向かったのは世界遺産のカテドラル。セビージャ、トレドと並ぶ、スペインゴシック様式の三大カテドラルの一つだ。

カテドラル正面入口には物乞いの姿。結局、ブルゴス市内だけで六〜七回目撃した。道端に坐って何

ブルゴスのカテドラル

やら呟きながら「施し」を乞う。日本でも自分が小さい頃見かけた記憶があるが、今ではまず見かけない光景だ。パンプローナで遭遇した中東系の人よりも、「哀れさ」が遥かに滲み出ている。何とかしてやりたいと思う気持ちと、それが本当に良いことなのか、という気持ち。両方が入り混じった、何とも言えぬ複雑な気持ちだった。

さて堂内はひんやりとし荘厳な雰囲気が漂う。ステンドグラスのバラ窓が美しい。このバラ窓には合計二〇の花弁。それぞれにキリストにまつわる話が描かれている。堂内では、オーストラリアのコナーズ夫妻と遭遇。その後、村田さんにも会った。皆な元気そうだった。

さてタオルと日記帳を買わねば。日記は結構しっかりつけているためいずれ不足する。まずタオルを探す。ネットで見つけたデパートに行ってみたが、店は小さくタオルは無し。店員もやや不親切。やむなく繁華街で探す。するとベネトン(?)の店を発見。ここには適当なタオルは無かったが、女性店員は「ひょっとしたらマヨール広場の『TEXTURA』という店にあるかもしれません」と親切に教えてくれた。有難い。こういう姿勢を「サービス」と言うのだ。

早速マヨール広場へ。何人かの人に尋ね漸くその店を発見。若い女性店員に用件を説明すると色々出してくれた。まずまずのものがあったのでこれに決定。精算時に「この近くにノートを売っている店はありますか」。すると、「ああそれならこの広場の反対側にリブレリアがありますよ」とのこと。

早速その店に行き、店内をウロウロ。すると五〇代後半前後の、キツイ(ややコワそうな)顔をした女性店員が近づいて来て、「何を探しているの?」と。「横線の入ったノートを探している」と返答。すると、彼女はあちこちの棚を探し、一〇冊近いノートを持ってきてくれた。彼女は店長格らしい。色々相談に乗ってくれるなど実はとても親

カテドラルの内部。バラ窓が美しい

ブルゴスのバスターミナル。ホスタル・ブルゴスの隣にある

切だった（外見の印象で判断してゴメンナサイ）。結局、その中の一冊を購入。彼女に厚くお礼を言って店を出た。地元の人々との温かい触れ合いが嬉しかった。

バスでカストロヘリスへ

午後四時頃バスターミナルへ。バスの出発は五時半だ。窓口はまだ開かない。待合室の隣の席には六〇代位の男性が二人。いずれも小さめのリュックと小ぶりのスーツケースを横に置き、フランス語で話している。彼らも巡礼中らしい。同じバスでカストロヘリスまで行くのかな。

五時少し過ぎ、漸く窓口が開く。私も乗車券を買った。四・七〇ユーロ。日本円に換算すると約六一〇円。約四〇キロ、一時間弱の距離でこの値段は相当安い。

バスは定刻に発車。ほぼ満席だ。田園風景の中をひたすら走る。六時二五分、カストロヘリスに到着。降車口へ。近くの乗客に今日の宿の名前（「エメベッド・ポサーダ」）を伝え、「ここでいいのですか？」と訊く。すると「カストロヘリスには停留所が二つある」とかで、乗客同士が「それは次の停留所だ」「いやこっちでいいのだ」とワイワイガヤガヤ。親切は有難いのだが、出来ればこちらが迷わないように説明をして頂きたいのだが……。

結局、ここで下車。が、その先が分からない。下車したのは私と、例のフランス語の男性二人のみ。彼らもこの村で泊まるようだ。彼ら二人が「こっちのようだ」というのでその後に続く。ここは人口五百人の小さな村。古い家並みが続き静まり返った坂を上ること十数分。漸く「エメベッド・ポサーダ」に到着。が、彼らの宿はまだ見つからない。彼らにフランス語で、「このポサーダでそのアルベルゲの場所を訊いた方が良いのでは？」と提案。彼らもそれに従いスタッフに訊く。彼らはここで貰った地図を片手に荷物をガラガラ引きながら去っていった。

さて彼らが去った後、チェック・イン。ここは正面に昔の城跡を望む上品なホテルだ。スタッフに「今晩の夕食はここで摂れるか？」と訊く。「残念ながら予約なしでは不可能です。夕食は歩いて十数分の所にあるバルで摂れますよ」とのこと。八時近くに腹を空かせながら見知らぬ土地でバルを探して歩くのか……。うーん。

シャワーの後、ビール片手にレストラン横の展望テラスに行く。別荘を思わせるテラスには板張りのデッキに白いテーブルと椅子があった。時刻は既に夕方八時過ぎ。テラスは日陰になっていたが、眼下に広がる雄大な緑の大地は青空に照らされて明るく輝いていた。

その後先ほどのスタッフに「このレストランの景色は本当に素晴らしい。事前に夕食を予約しておけば良かった。残念」。すると彼は暫く考えて「チーズとハムの盛り合わせ等簡単なものなら何とかなるかもしれません」とのこと。今から歩いてバルを探すのは大変だ。「是非、それでお願い」と依頼。約一〇分後、私はめでたくここのレストランで、赤ワインとスープ、それにチーズとステーキの夕食を摂ることが出来た。夕暮れの雄大な大地を眺めながら……。

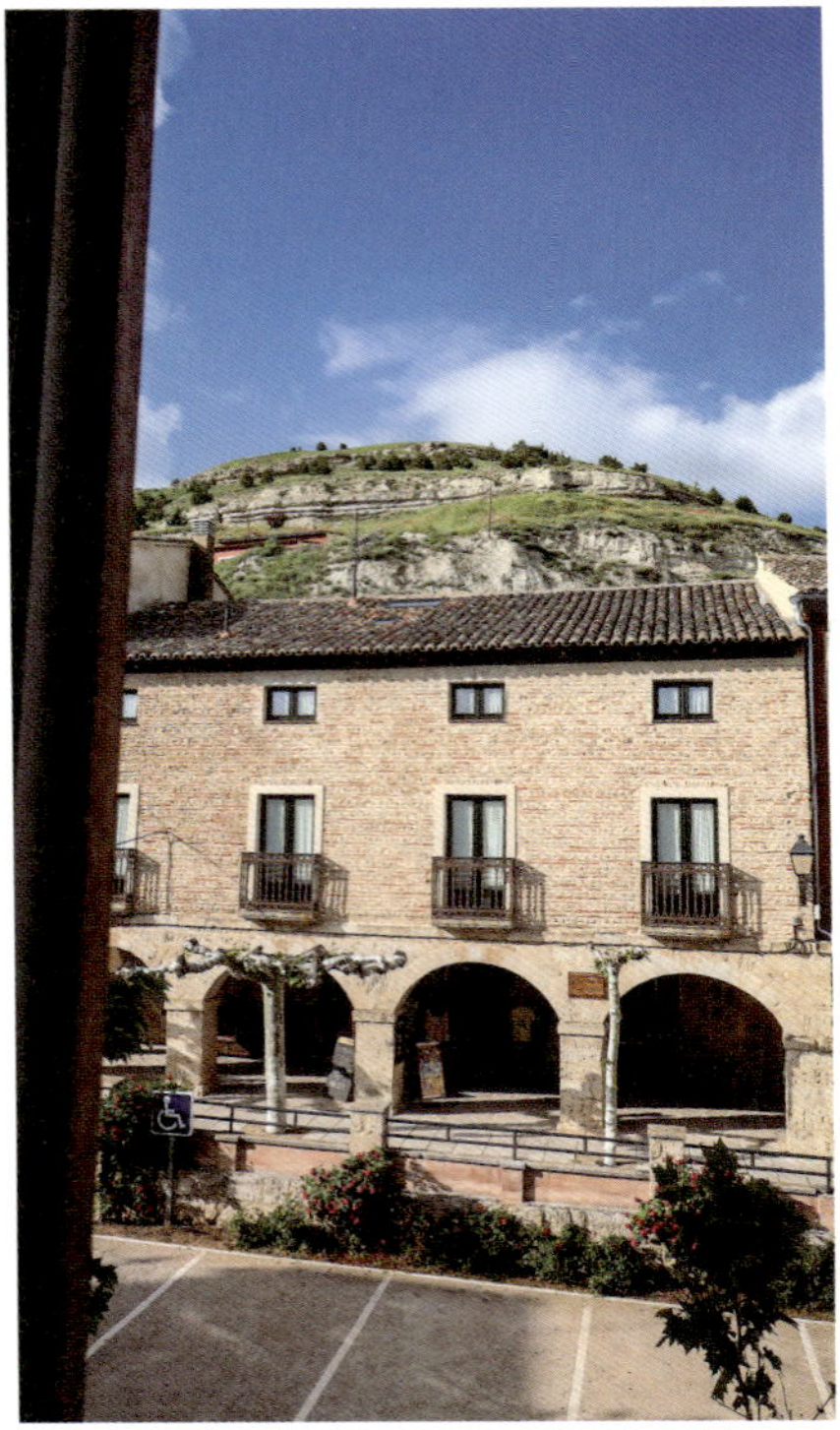

カストロヘリスの宿（エメベッド・ポサーダ）から眺めた城跡

●今日の宿
Emebed Posada
75 ユーロ（約 9,750 円）

巡礼一五日目

6月1日（金）　歩行距離28・3キロ

カストロヘリスからポブラシオン・デ・カンポスへ
幻想的な風景そして最高のアルベルゲでの楽しい夕餉

幻想的な風景に心を奪われる

ホテル出発は六時三五分。有明の月が残る道を行く。薄い青空に羊雲のような白い雲。道の両側には草原が続き、所々に赤い花が咲き乱れる。今日は前後に数人の巡礼。しかも一本道だ。迷うことはない。七時二〇分過ぎ、標高九〇〇メートルのモステラーレス峠の頂上に着いた。後ろを振り返る。雲間から太陽が朝の光を放ち始め、その下には緑の大地が広がる。遥か遠くには幾つかの丘が島々のように浮かび上がる。特に頂上に城跡が残るカストロヘリスの丘は非常に幻想的。聞こえるのは遠くでさえずる小鳥の声のみ。静寂そのもの。実に心を洗われる。

この景色を心行くまで堪能した後、丘の反対側の坂道をゆっくり下り始める。目の前にはメセタ（イベリア半島中央部の広大な乾燥平原）がどこまでも広がっている。今は麦が成長する時期。緑の絨毯が眩しい。その中を巡礼路が蛇行しながら遥か彼方まで続いている。ここは「フランス人の道」を代表する風景の一つだ。この坂を徐々に下ると、左右に赤や紫色の花々が続く。ここは桃源郷か。

モステラーレス峠のモニュメントとカストロヘリス

暫く行くと石造りの小さな建物。サン・ニコラス教会だ。正面の小さな祭壇には十字架とイコン（聖画像）が三体。十三世紀の建物をイタリアのキリスト教団体が復元したそうだ。テーブルにはポットに入ったコーヒー等が置いてある。自由に摂って良いらしい。巡礼達が堂守とイタリア語で楽しそうに話している。彼はイタリア人かもしれない。

この先にはイテロ橋があった。ピスエルガ川の水は赤茶けた色。橋を渡るとパレンシア県に入る。右折しピスエルガ川沿いの道を歩く。両側には木々の緑。

カスティージャ運河（コラム7参照）沿いの道に入った。ここは嘗ては穀物等を積み、馬に牽引された数百隻もの平底船が行き来したという。今はその面影はなく、川面は殆ど止まっているかのように静かだ。真っ直ぐに続く運河の両岸にはユーカリだろうか、小高い並木が続く。木々の間からは白い綿毛のようなものが無数に飛んでいる。時折、カエルや野鳥の鳴き声。

所々に灌漑用の取水堰があり、そこからは運河と直交する形で水路が遥か彼方まで延びている。水路の両側は見渡す限りの農地。広大さに圧倒される。

午後一時前、フロミスタの水門に到着。上から見ると「( )」状に見える茶色い石造りの水門が四つ。その中を大量の水がゴウゴウという大きな音と共に流れ落ちる。中々圧巻。

巡礼路最高の環境のアルベルゲで語らう

午後二時前、今日の宿の「アルベルゲ・レスタウランテ・ラ・フィンカ」に到着。このアルベルゲは木々や緑の芝生の広大な敷地の中にあった。素晴らしい環境だ。受付の若い女性も感じが良い。宿泊棟へ。ここは近代的な二階建て。ベッドにはカーテンがあるなど、プライバシーにも配慮されている。シャワーもトイレも男女別。アルベルゲでは極めて珍しい。

早朝のモステラーレス峠から。メセタの大地が果てしなく続く

ここには乾燥機付きの洗濯機があり、何と無料。これもアルベルゲでは極めて珍しい。洗濯機は日本とはタイプが異なるが、「大体こんな感じ」ということでセットしたらうまく動いた。終わるまで約一時間。この間に、明後日のアルベルゲを予約した。これまではネットを利用していたが、初めて電話予約に挑戦。何とか通じて予約成功！　やれば出来る！

その後洗濯機のある場所に戻って洗濯物を回収。すると次の番を待っていた米国人らしい女性が二人。洗濯機を使おうとしたがどうも上手くいかないらしい。そこで私の方法を説明した。その通りにやったら上手くスタート！　彼女たちにとても感謝された。何か気恥ずかしい。その後、洗濯物を干そうと思ったが干場が分からず。今度は彼女たちが「あそこよ」と教えてくれた。旅は相身互い。

夕食まで大分時間がある。青空の下の広大な緑の芝生の庭に出る。白いデッキチェアが点々と。その中の一つに仰向けになる。パナマ帽を顔にかけ目をつぶる。爽やかな風が吹き抜ける。遠くからは小鳥のさえずり……。最高ですね。

さて夕方七時からは夕食。レストランに行く。すると準備がされていたのは大きな食卓が一つのみ。うーん、やっぱり会食形式か……。既に欧米系と思しき三人のシニア女性が着席しており、空いている席は二つ。最初は端の席に座りかけたが彼女たちと離れており如何にも不自然。ここで決心。「今日も友好親善と英会話の練習日」と。三人のそばに移動して自己紹介。この間、欧米系の女性が遅れて到着。彼女達四人に例の名刺とメモ用紙を渡し名前を書いて貰う。

まずミシェルさん。米国人。六〇代前半か。サリアからの一〇〇キロを歩いたことがあるという。元エアラインのCA。次にリンさん。同じく米国人。スペイン語の教授だという。七〇代前半か。巡礼は今回が初めて。先ほど洗濯機の関係で話したのはこの二人だった。

次にマリーさん。ドイツ人で看護関係の教員だという。六〇代後半か。そして遅れてきたのが、アンドレアさん。ルーマニア人で元中東系エアラインのキャビン・アテンダント。現在は大学のスタッフ。三〇代半ばか。

マリーとアンドレアはヴェジタリアン。肉類や卵、牛乳等はダメという。今回の巡礼ではヴェジタリアンの人は結構多かった。彼女たちによれば、人類が肉類や牛乳を摂取することで様々な生態系が破壊され、増産のための遺伝子組み換えは、結果的に人間の遺伝子にも悪影響を及ぼすという。この辺りの意識は欧米の人達は非常に強い。

最初の話題は「なぜ巡礼に来たのか」。印象的だったのはルーマニアのアンドレア。彼女は幼い頃父親の仕事の関係で米国に在住。大学も米国なので英語はとても上手。巡礼に来たのは「大学の経営関係でストレスが溜まったので」とのこと。詳細は訊かなかったが何か身につまされる話。

米国のリンは、何と熊野古道や四国お遍路のことをよく知っていた。熊野古道については、「世界遺産になったし、いつか行ってみたいわ」。四国お遍路についても「距離はスペイン巡礼よりも長く確か千二百キロ位よね。千年以上の歴史があり八十八か所のテンプルを回るらしいわね」と。恐れ入りました。そこまでご存じとは。

こちらのトイレ事情についても話の花が咲いた。

「巡礼をしていて一番困るのは途中にバルが無くトイレに行けない時。あれは困るわ」「そうよね、私達女性は本当に困るわ」「トイレが男女別の場合は女性はもの凄く待つのよね」

たった一人の男性の私は何と言っていいやら……。

皆で記念写真。とても充実した一日だった。夜九時過ぎ就寝。毛布や枕は綺麗だったが念のため寝袋を使用。

「アルベルゲ・レスタウランテ・ラ・フィンカ」の広々とした庭
青空と緑の芝生。小鳥の囀り。最高の気分

レストランで夕食を共にした人々。一番左がアンドレアさん

●今日の宿
Arbergue Restaurante La Finca
10 ユーロ（約 1,300 円）

コラム7

カスティージャ運河

カスティージャ運河は全長207キロ。ブルゴス、パレンシア、ヴァラドリドの3県に跨る大運河だ。

フェルナンド6世（在位1746～1759年）の治政下、エンセナーダ侯爵（1702～1781年）によって計画された。カスティージャ地方の農産物の北部港サンタンデールへの輸送やスペイン植民地の産物のサンタンデール港からカスティージャへの輸送等を目的に1753年から1849年まで約100年をかけて建造された。

当初は全長400キロの計画であったが、スペイン独立戦争（1808～14年。ナポレオンのスペイン侵略に対する抵抗戦争）や予算上の制約、更にはスペイン北部を東西に走るカンタブリア山脈をくり抜く工法上の問題等によって計画は大幅に縮小され、最終的には鉄道の開通等によって建設は停止され今日に至っている。

最盛期である19世紀後半には、馬によって牽引された400隻もの平底船（BARGE）が行き来したといわれている。

幅は11～22メートル、深さは1.8～3.0メートル。40の水門があり、現在は主に農地灌漑用及び観光用。周囲は鳥類の生息地であり、自然保護の特別地域に指定されている。

カスティージャ運河。木々に囲まれた静寂な空間が続く

巡礼一六日目　6月2日（土）　歩行距離15・9キロ

ポブラシオン・デ・カンポスからカリオン・デ・ロス・コンデスへ ルーマニアのアンドレアとの語らい

昨晩の就寝が早かったので朝五時前には目が覚めた。さすがにこの時間に起きるのははた迷惑。暫くして他の人も起き出したようなので私も起床。六時三〇分に宿を出発。昨晩ドイツ人のマリーは夕食後スマホを見ながら、「あらいやだ。明日の天気予報は雨よ。明後日もそうなっているわ」と言っていた。が、今は薄い雲はあるが一応晴れている。

まだ少し暗い。途中のバルでおじさんが開店準備中。地図を見せて「この緑色の道に行きたいのですが」。「ああそれならそこの橋の手前を右に曲がって」と教えてくれた。

右手に川沿いの並木、そして左手には小麦だろうか緑の大地が続く。微かなせせらぎの音。今日は鳥のさえずりがひと際よく聞こえる。ここは鳥の保護区らしい。所々に例の赤い花（ポピーか）の群落。こうした道を延々二時間半近く歩いた。

九時四〇分、ヴィジャ・カサール・デ・シルガに到着、すると近くのカフェの方から、"HOLA, TAKA-SAN!" という声が聞こえた。昨晩のミシェルとリンの二人。テラスで朝食を摂っていた。おかしい？　確か私の方が先に宿を出た筈だが……。訊いてみると彼女たちは真っ直ぐ国道沿いの道を来たらしい。私は国道を避け、川沿いのルートを来た。その分、私の方が時間がかかったようだ。暫く歩くと今度は道の右側でオレンジ色のヤッケを着て休んでいる女性から、"TAKA-SAN!" という声。昨晩のルーマニアのアンドレアだった。

彼女とは色々なことを話した。

「ルーマニアに行くとしたらどこがお薦め?」

「うーん、色々あるけどやっぱりトランシルヴァニアかな。ドラキュラで有名なところよ」

「えー、なんか怖そうだね」

次に私から「なぜ、この巡礼に来たの?」と訊いた。

「大学スタッフの仕事で色々ストレスが溜まっていたし。また実は自分が若い頃、両親が離婚し、そのことが心の中から離れなくて……」

「そうだったの。巡礼で何かが得られるとか解決するとかということは余り無いかもしれないけど、歩いていることで癒されるということはあるかもしれないね」

「そう思うわ。私はこのスペインの大地が大好き。ここを歩いていると何かほっとするの」

「そうだね。それと色々な経験も出来るし。英会話もテキストで勉強するよりもこうやって実際に英語で話してみる方が遥かに身に付くね。第一、タダだし!」

「確かに!」

二人で大笑い。

色々話すうちにカリオン・デ・ロス・コンデスに到着。彼女とはここで別れ、今日の宿「ホスタル・サンティアゴ」を探して街中を歩く。途中、サンタ・マリア教会横のアルベルゲの前を通ったら、ミシェルとリンの二人がリュックを横においてチェック・イン開始を待っていた。何か申し訳ないような気持ち。

六〜七分歩いて漸く宿を発見。入り口の案内板を見ると、受付は通りの裏だった。チェック・イン。シャワー等ルーティン・ワークを済ませ街中のカフェで軽く昼食。

その後、街を散策。通りの一角では大勢の人達が飲み物などを片手に談笑中。その数二百人近く。何かのパーティ？　後から分かったが、明日（六月三日）の日曜日はこの街のお祭りで街の通りの地面を花で飾るらしい。その前夜祭的なパーティだったのかも。

夕方六時過ぎ再び街中へ。実は今日の昼、街なかを歩いていた時、サンタ・マリア教会の前に、「今晩六時三〇分から当教会でギター演奏会あり」との表示があり、折角だ

「今日のメヌー」の案内板。税込み 11 ユーロ。日の丸の旗もあった

サンタ・マリア教会教会でのギター演奏会。中々良かった

から行ってみよう、と思っていたのだ。ということで教会前の広場をぶらぶらしていたら、"TAKA-SAN"という声。アンドレアだった。ベンチでセリーズ（アメリカン・チェリー）を食べている。「よかったらどう?」と。相伴に預かる。彼女も今晩のギター演奏会に行くという。

六時二〇分、二人で演奏会の受付へ。入場料は寄付制。五ユーロ（約六五〇円）を寄付。教会内はほぼ満席。ギター奏者は六〇代ぐらいの男性。曲目は中世のクラシックから現代的なものまで六〜七曲。やはりクラシックの方が心に沁みる。四〇分ほどで終了。

外に出ると、鐘楼のカリオンが一斉にカンカンと鳴りだした。青空に響き渡る。

夕食はアンドレアと一緒に近くのレストランで。メヌーを頼む。メインとして私は肉団子。彼女はヴェジタリアンのため魚に変更。ヴェジタリアンでも、どこまで厳格にこれを実行するかは人により幅があるそうだ。

先ほどのギター演奏について訊くと「クラシックの方

が良かった」。クラシックに詳しいようだ。ラフマニノフ、ショパン。ピアニストではユジャ・ワンが好きとのこと。

その後、彼女は母親の話をぽつりぽつり。彼女の母親は一〇年前、六〇歳で病死したそうだ。当時彼女は三〇歳。その時の病院の対応については今でも納得がいかないという。この話から「人間の一生とは」等の話に発展。最後に、「生きているうちにしっかり生きることが大切だね」と私。「そう思うわ」と彼女。

彼女のここの食事代は私からの「おごり」。「英語のレッスン料だよ」と言うと、彼女は破顔一笑、「それは有難う！」。セリーズの残りを貰っていたのでそのお礼を言う。お互いの無事を祈って別れる。

今日も充実した一日。部屋でセリーズを少し食べ就寝。

●今日の宿
Hostal Santiago
37 ユーロ
（約 4,800 円）

巡礼一七日目

6月3日（日）　歩行距離26・8キロ

カリオン・デ・ロス・コンデスからテラディードス・ロス・テンプラリオスへ　足の指に痛みが

大平原をひたすら歩く

今晩の宿を予約した際、「三時までにチェック・インを」と言われている。このためホテル出発は六時一〇分。今までで最も早い。が、これが間違いのもと。通りはオレンジ色の街灯がたまにあるのみで暗い。地面には今日のお祭りのためか、チョークで様々な図柄が描かれている。が、肝心の巡礼の道標は見当たらない。やっと遠くに巡礼の姿を発見。彼らの後を追う。

六時四五分頃、右側に広がる草原の上から太陽が顔を出し始める。荘厳なひと時。日の出の時刻は日本よりも二時間以上遅い。緯度・経度の問題に加え、「夏時間」の影響もある。

両側は見渡す限りの草原。自分の長い影を追いながら歩く。巡礼は出発地のサン・ジャン・ピエ・ド・ポーから遥か西方のサンティアゴ・デ・コンポステラを目指して進む。このため絶えず自分の影を追いながら歩くことになる。特に早朝はその影が長い。巡礼とは、ひたすら自分の影を見つめながら歩

カリオン・デ・ロス・コンデス郊外の巡礼路の夜明け。実に神々しい

く旅なのだ。

やがて移動販売車の場所に着く。ここで朝食を摂っているとアンドレアが到着。実は今朝、街を出る時彼女の姿を見たのだが、靴紐を直している間に見失ったのだ。この辺りは「フランス人の道」七八〇キロのほぼ中間地点。二人でジュースでカンパイ！

ここで彼女と別れ出発。道の両側は再び見渡す限り緑の大平原。本当に何も無い。あるのは遥か彼方まで続く地平線とその真ん中の一本の道のみ。自分と自然とが一体となったような感じだ。こういう道を歩いていると、昨日アンドレアが言っていた言葉を思い出す。

「私はこのスペインの大地が大好き。この大地を歩いていると毎日『新しい何か』が、自分の中に取り込まれていくように感じる。すると体の中にあった『古いもの』がその分、体の外に吐き出されるように感じるのよ」

至言だ。巡礼の「癒しの効果」ということだろう。

一〇時二〇分、漸くカルサディィジャ・デ・ラ・クエサのバルに到着。朝出発してからここまでは一七・二キロ。休憩を含めて四時間一〇分で歩いた。やや速めのペース。その分、両足の指はかなり痛い。靴を脱いで三〇分ほど休憩。

その後、歩行再開。国道沿いの道を行く。この道は、先日のブルゴスの手前の国道とは異なり車も少なく、また土の道の「センダ」だ。木陰もある。これなら特に問題は無い。太陽はかなり強いが、時折吹く風は乾燥しており爽やかだ。

青空と白い雲が美しい

その先は緩やかな上り坂が続く。丘を一つ上りきるとその先に新たな丘が出現する。正に「逃げ水」。大分疲れたので次のレディゴスのアルベルゲで休憩。トランスポーテーションの大手業者「JACOTRAN」の車が荷物の集配に来ていた。スタッフは中々手際良く荷物を捌く。

午後一時一〇分、漸く今日の宿である、テラディードス・デ・ロス・テンプラリオスのアルベルゲ「ロス・テンプラリオス」に到着。朝、宿を出てからちょうど七時間だ。

テラスでビールで乾杯。青空の下、日陰を渡る風は爽やかで肌寒いくらい。この間、宿泊者が次々と到着。車いすの男性も見かけた。男性が一人同行。七八〇キロを全部歩くのだろうか。

「哲学者」達の深い話を聞く

夕食は付属のレストランで。どうやらこのレストランでは、どのテーブルに座っても良いらしい。隅の席が空いていたので、ヤレヤレと着席。すると、奥のテーブルに座っていた女性が近づいて来て、「TAKA–SAN! 良かったら一緒に食事をしない?」。一昨日一緒だった米国のミシェルだった。先程ビールを飲んでいた時、彼女達が丁度到着。「ヤアヤア」と挨拶をしていたのだ。うーん、今日は疲れているので一人で食事をと思っていたのだが……。が、女性からの折角のお誘い。お断りをするのは「武士の恥」(?)。有難くお受けすることに。

招かれた席にいたのはミシェルの他に、マギーというカナダ人の女性(六〇代)とエレーナというブラジル人の女性（同）の三人。この席で最も盛り上がったのは、やはり「トイレ」の話。巡礼では時折、長距離に亘ってトイレが無い区間があるが、今日はその典型。カリオン・デ・ロス・コンデスを出ると一七キロ、四時間以上トイレは皆無（移動販売車にはトイレ無し）。三人とも口々に「本当に困ったわ！」と。そう言えば、今日来る途中の左手奥のブッシュに駆け込む女性が見えた。あのオレンジ色の

手引き車で荷物を運ぶ巡礼

JACOTRAN の荷物輸送車

国道沿いの巡礼路。センダだ

ヤッケはひょっとするとアンドレアかも?

一方、「巡礼」についての深い言葉も聞いた。

「毎日二〇キロも三〇キロも歩いて宿に辿り着くと『ああもうイヤだ。これ以上絶対歩きたくないわ』と思うの。でもね。一晩寝ると翌朝は『また歩こうか』と思うのよね」

「そうね。朝起きて歩き出す。朝日や小鳥のさえずり、青い空、美しい花々……。そういうものに目を向けていると、自分を取り巻いていた色々なものが、徐々に薄れていくように感じるわ。歩くことだけに集中する。それが本当の自分に繋がっているように感じるのよ」

うーん、深い話。彼女たちは本当は哲学者なのかも。

夕食後、自室で両足を点検。ここ数日間、両足、特に右足の小指付近がかなり痛い。明日はここから二七キロ先のアルベルゲを予約済みだ。が、これだけの距離を歩くと足には相当なダメージが加わる。無理は出来ない。そう判断して電話で予約をキャンセル。代わりにここから一二キロ先のサアグンのアルベルゲを予約した。そこからは電車でレオンに行こう。

さて足の状況は? 爪が内出血したりしているとかなりまずいが? 改めて点検。すると取敢えず内出血は無いようだ。が、両足の殆どの指にかなり大きいマメ。特に右足の小指のマメは非常に大きい。これでは足が痛む訳だ。巡礼のブログ等によれば、こういう場合は、「糸を付けた針で水を抜くべし」とのこと。その通りにやってみる。針の穴が小さく、糸を通すのに苦労したが何とか成功。併せてテーピングも行った。これで暫く様子をみよう。

●今日の宿
Los Templarios
28ユーロ(約3,600円)

巡礼一八日目

テラディードス・ロス・テンプラリオスから サアグンへ。ゆっくり歩く

6月4日（月）　歩行距離12・2キロ

バレンシアの豪雨被害の救助隊員の声を伝えるテレビ

今日はサアグンまでの十数キロだ。足のことを考えて短めにした。明日は電車でレオンに行く予定だ。焦る必要はない。七時前に宿を出発。かなり肌寒い。普段なら歩き出して二〇分もすると少し汗ばむがが、今朝は全く温かくならない。いつもよりゆっくり歩いているせいかもしれない。ゆっくり歩くと、面白いもので昨日までの焦り気味で歩いていた自分が馬鹿らしく感じられる。

八時二〇分、サン・ニコラス・デル・レアル・カミーノのバルで朝食休憩。今朝は寒いので温かいカフェ・コン・レチェにした。テレビはニュースを放送中。何だろう？　すると、洪水で流されそうな人をオレンジ色の服の救助隊員がロープを使って救助している。どこだろう？　丁度、横のカウンターでカフェを飲んでいたこれも救助隊員らしき制服姿の二人に訊くと、「バレンシアだ」

早朝の巡礼路。今日も天気は良さそうだ

とのこと。バレンシアはスペイン南東部の地中海沿いの比較的温暖な地域だ。が、今春スペインの気候はかなり異常で、幾つかの地域では大雨による洪水や季節外れの低温に見舞われているという。今朝の寒さもこうした異常気象によるものかもしれない。

道はパレンシア県を抜け、レオン県に入る。途中、前方を歩いていた男性巡礼の足が突然止まった。何事かと見ると、黒い犬が盛んに吠え今にも跳びかからんばかり。彼が何とかやり過ごすと、その犬は今度は私の方に吠えかかる。よしてよ、犬は苦手なんだから！暫く吠えた後、犬はやや離れたところにいた男性の元へ。飼い主らしい。飼い犬の管理はしっかりやってよ！　巡礼路では犬や猫をよく見かけるが概して大人しく、こういう経験は初めてだった。

センダが続く。ヴァルデラデゥエイ川に架かる橋を渡る。川沿いの茂みで、女性がリュックを男性に預け茂みの奥へ。ははーん。ここから一キロ程先の道端では、逆に女性二人が道の中央を向いて佇み、その奥では男性がかなり堂々と「御用」中。映画「THE WAY」にも似た光景がある。こういう時はじろじろ見ないのが巡礼のエチケット。

川沿いの木立の道を進むと左手にローマ橋。その向こうに小さな教会が見える。十二世紀のホスピス跡であるエルミタ・ヴィルゲン・デル・プエンテだ。ムデハル様式（レコンキスタ〈コラム4参照〉の後、残留イスラム教徒の建築様式とキリスト教徒の建築様式が融合した建築様式）の痕跡を残すと言われる由緒正しき教会建築。が、人影無し。

一〇時少し過ぎ、サアグンの街に入る。巡礼路はRENFE（レンフェ。スペイン国鉄）の線路沿いだ。スペイン鉄道の線路や列車、駅等を見るとなぜか懐かしい気持ちになる。学生時代の欧州旅行のノスタルジックな感情が蘇るのかもしれない。スペインの鉄道の多くはいわゆる「広軌」。線路の幅

古いローマ橋と十二世紀のホスピス跡の教会

は一六六八ミリと日本の多くの在来線の一〇六七ミリ（いわゆる「狭軌」）や他の多くの欧州諸国の一四三五ミリ（同「標準軌」）よりもかなり広い。他の欧州諸国の軌間と異なるサイズとしたのは、隣国フランスからの侵入を防ぐためとの説もあるが定かではない。

一〇時三〇分、サアグンのアルベルゲに到着。個室を予約済み。「カードで支払いが出来るか？」「街の地図は貰えるか？」等スペイン語で話す。通じた。チェック・イン後、自室でWi-Fi（スペイン語では「ウィフィ」）を使って明日のレオンまでの列車時刻を確認。その後、念のため徒歩六〜七分のサアグン駅まで行ってみる。屋根の上に煙突が一本。石造りの可愛い駅舎だった。人影は殆ど無い。切符売り場で駅員にスペイン語で訊く。「明日、レオン行の列車は何時に出るのか？」「レオンか？」「そうだ」。すると彼はこの近辺の主要駅の列車時刻表を私に渡しながら、当該の列車に蛍光ペンでマークをしてくれた。先ほどのアルベルゲのフロントとのやり取りも含め、スペイン語が通じた時の快感は格別。

駅の外へ出ると雨。が、雨脚が弱いこともあって傘をさしている人はいなかった。レストランで昼食。エビやムール貝の入ったパエリアは最高。生ハム等も生ビールや白ワインによく合った。合計一一・五五ユーロ（約一五〇〇円）。

アルベルゲに戻りシャワーと洗濯。その後足の点検。すると右足の小指はマメだけではなく、爪が大きく浮き上がっていた。うーん、これはやや大変かも……。無理をすると爪が剝がれて歩行困難という事態もありうる。幸いにも爪自体は痛みは無い。主要部分に一応テーピング。

巡礼も今日で一八日目。他の巡礼も足等を痛めている人が少なくない。昨日のアルベルゲの芝生の庭では男性が一人、両足を椅子の上に乗せ、芝生の庭に仰向けに寝ていた。左足の膝には白い包帯がぐるぐる巻き。体形はかなり太め。その影響が足に出たのかも。巡礼はあと約四〇〇キロ。彼はあの後、どこまで歩いたのだろうか。

夕食はアルベルゲのレストランでメヌー（コラム8参照）を摂る。一二ユーロ（約一五六〇円）。サラダは好物のホワイト・アスパラ等季節の野菜が山盛り。ツマミとしても中々グッド。メインは牛肉のステーキ。美味かった。ワインのラベルにはこのアルベルゲ兼ホスタルの名前。どうやら自家製ワインのようだ。結構いける。しかしさすがにフルボトルは飲み残した。

●今日の宿
Domus Viatris
27ユーロ
（約3,500円）

コラム8

スペイン料理の「メヌー」

巡礼中、かなりの頻度で利用するのが日替わり定食の「メヌー」だ。正式には “Menú del Día”（メヌー・デル・ディア）という。ランチの他、夕食として摂ることも多い。前菜→メイン→デザートの３つに加えワイン等の飲み物やパンも付く。これで価格は 10 ユーロ（約 1,300 円）前後。非常にリーズナブルで内容も充実していることが多い。ヴェジタリアン（菜食主義者）向けの料理が用意されていることもある。メヌーの代表例は以下の通り。

前菜（primer plato 、プリメール・プラト。「第一の皿」）
スープやサラダ、パスタ、パエリア、豆料理等。スープは夏はアンダルシア名物のガスパチョ（ニンニク入り冷製スープ）が出ることもある。パスタはスパゲッティが出ることが多い。巡礼中、私が最もよく摂ったのがミックス・サラダ（ensalada mixta）。ホワイト・アスパラ、トマト、レタス、オリーブ、ツナ、ゆで卵、豆等が大きな皿に山盛りだ。ビタミン類が不足しがちな巡礼の旅には絶好の料理。パエリアもお薦め。
メイン（segundo plato 、セグンド・プラト。「第二の皿」）
魚類や肉類が中心。魚はメルルーサ等が多い。肉類は、本文中のピレネー山脈のオリッソンの宿で紹介した鳥肉のソテーのほか、豚肉や牛肉のステーキが多かった。巡礼はかなり体力を消耗しお腹も空くため私は牛肉のステーキを好んで摂った。なお本文中で紹介したテラディードス・ロス・テンプラリオスのアルベルゲの夕食では、同じテーブルの３人の欧米系の女性のうち２人はメインは取らず、前菜を２品取っていた。これも上手いやり方で、比較的小食の日本女性にはお薦めかも。
デザート（postre 、ポストレ）
果物、アイスクリームなどが多い。果物は缶詰のこともあるが、リンゴやオレンジが丸のまま出て来ることも。この場合、付属のナイフで自分でカットする必要。「マケドニア」という名のフルーツポンチのようなものもあった。アイスクリームは本文中でも触れたように「棒付きキャンディー」タイプのものが多い。
飲み物（bebida）
赤ワインが主流。他に白ワイン、ビールやコーラに変更できる場合もある。赤ワインがフルボトルで出て来ることも少なくない。

巡礼一九日目　6月5日（火）　歩行距離0キロ

サアグンからレオンへ列車移動でも「国際交流」

電車内で「足痛」談義で盛り上がる

今日は電車でレオンに行き二泊する予定。足の状況を考えるとこの辺りで休養が必要だ。

ホテル出発は八時。まずまずの天気。一〇分ほどで駅に到着。昨日よりも人影は多い。窓口でレオンまでの切符を購入。両駅間の距離は五〇キロ、乗車時間は四五分で料金は五・四五ユーロ（約七〇〇円）。日本のJRの運賃とさほど違いはない。日本で言えばローカル線の普通列車なのだが、乗る列車が指定されていたのには驚いた。もっともサアグン～レオン間の列車は一日七便のみ。この八時三四分の列車を逃すと、次の列車は約五時間半後の午後一時五八分。「列車指定」も無理からざるものか。

乗り合わせた巡礼達
英語の勉強には丁度良かった

サアグン駅のホーム

八時三〇分。列車が到着。車体にはケバケバしい落書き。欧州では列車や線路脇の落書きが珍しくないが、余り良い感じはしない。列車のドアは外からボタンを押さないと開かない仕組み。これは日本のローカル線と同じ。が、日本と違うのはボタンを押しても開かないことがあること！　隣の乗車口がそれだった。そこに並んでいた三人の男女の巡礼が慌ててこちらの乗車口に殺到。彼らは乗車後、私が坐ったボックス席に坐った。エー、他のボックスはがら空きなのに……。仕方なくまたまた「これからの四五分は英会話と国際親善の時間」。

三人ともよく喋る。一番盛り上がったのは足の痛みの話。米国人女性は右足の脛の部分が痛いとのこと。ピンク色の湿布をべったり貼っていた。「ここがどうしようもなく痛くて、暇さえあればこうやってマッサージしているのよね」。別のイタリア人女性も「私もよ。痛くて困るわ」。これを受けてスペイン男性は「他の巡礼から貰った『ホース・オイル』。あれは結構効いたよ。でもあのタイプは街の薬局では中々売っていないんだ」……。暫しこの話に花が咲いた。

この間、右手の車窓からは遠くに黙々と歩く巡礼の姿。列車で移動しているのが申し訳ない気持ち。が、足の状況を考えればやむなし。この三人も同じような理由で列車で移動している。

レオン市内を散策

九時一三分、列車は定刻にレオン到着。レオンは人口約一三万人。「フランス人の道」では、パンプ

レオンのカテドラル

ローナ、ブルゴス、ログローニョに次ぐ第四の規模だ。中世においてはレオン王国の首都で現在はレオン県の県都。サンティアゴ巡礼の重要な中継地点でカテドラル等でも有名だ。

地図アプリで今日の宿の「FCインファンタス・レオン」を目指す。駅を出て、緑の木々や芝生に囲まれたベルネスガ川を渡る。実に美しい。歩くこと三〇分以上。修理中のカテドラルの横を通る。小学校低学年らしい子供たちが先生に引率されて歩いていた。とてもカワイイ。

一〇時少し前ホテル到着。この時間でもチェック・インが出来たのは有難かった。部屋は明るく機能的。ゆっくりするには最適だ。二泊で一二五ユーロ（約一六二〇〇円）。バカ高だったログローニョの一泊一一〇ユーロ（約一四三〇〇円）に比べると遥かにリーズナブル。フロントの女性も好印象。

シャワー等の後、ネットで足のマメへの対処法を調べる。するとマメを潰すのは必ずしも良いことではないらしい。

マメの中の液体は実はリンパ液で、マメを潰すとこれが無くなり細菌感染のリスクが高まるという。むしろマメは残しテーピングをしっかり行った方が良いとのこと。なるほど。これを実行してみよう。ただテープが不足するので薬局で購入しなければ。

ということで市内見学を兼ねてホテルを出発。カテドラルまでは一〇分足らず。すると先ほどは通れたカテドラル前の広場は、ほぼ全部が柵で囲まれ、「進入禁止」のマーク。警官に訊くと、「ここでペリキューラがありその準備中。明日は通れるよ」とのこと。ペリキューラ？　映画とかその撮影を意味する筈。カテドラルの紹介ビデオか？

カサ・デ・ボティネスの前の銅像で

やむなく大きく迂回してサン・イシドロ教会へ。ここはセビージャの大司教で博学の人でもあった聖イシドロに捧げられたロマネスク風の教会だ。レオン王家の墓所でもある。教会前の広場に面したレストランで昼食休憩。

その後、近くのカサ・デ・ボティネスへ。ここはあのガウディが設計し一八九四年に完成したネオ・クラシックの建物で現在は銀行だ。が、実は私がここへ来た目的は、ここの広場にある「ベンチで読書をする紳士」の銅像の横で写真を撮るためだ。昨秋の巡礼ツアーの折、ここで記念撮影をしたことがあるのだ。ブルゴスやレオン等の街には優れた銅像が幾つかある。レオン市内ではこの銅像とパラドールのそばにある「巡礼像」が素晴らしい。

さてここの像の横で写真を、と思ったら、そこには既に六〇代位の男性が坐っていた。暫く待つが席を立つ様子はない。そこで発想を変えて「このオジさんに撮って貰おう」。

夜 10 時。カサ・デ・ボティネスの広場の銅像の夕焼け

恐る恐る訳を話す。するとオジさんは「OK！」と快諾。しかも一生懸命角度等を工夫しながら何枚も撮ってくれた。彼はオランダ人で奥さんとスペインを旅行中という。やがてその奥さんも到着。別れ際には二人で私に"Have a nice trip!"（良い旅を！）。嬉しかった。

その後、薬局でテープを購入。その後近くをブラブラ。暫くすると雲行きが怪しくなり、大粒の雨。慌てて近くのチョコレート屋に跳びこみ、アイスチョコの盛り合わせを食べながら休憩。その盛り合わせ。名前はなぜか「TSUNAMI」。この言葉は海外では原義とは異なる意味で使われることが少なくないようだ。ここで日記をつける。

すると日本から持参したボールペンが次第にインク切れに。お気に入りの品だったのに。やむを得ない。近くの土産物屋でボールペンを探す。私が買ったのは、赤、青、黒、緑の四色物で価格は一・五ユーロ（約一九〇円）の安物。が、レジに持って行くと、女主人は一色ずつ雑紙に線を書いて正しく発色するかを確認。エライ！　これぞプロ。

夕食を街の中で摂った後、再び先ほどの紳士像へ。夜一〇時近く。夕焼けをバックにした像は素晴らしかった。メインストーリーはこの時間でも大勢の人だかり。カテドラル前の広場のオレンジ色の街灯が非常に美しかった。

●今日の宿
FC Infantas de León
125ユーロ（約16,200円）
※2泊分の料金

巡礼二〇日目　6月6日（水）　歩行距離0キロ
レオン市内で休養

今日は休養日。ゆっくり起きた。

朝食後まず中心部のマヨール広場へ。この「マヨール広場」という名称の広場はスペイン各地にある。その街の中心的広場という意味のようだ。さてここの広場には色とりどりのテントが出ていた。マルシェ（市場）だ。そうか今日は水曜日。パリ在勤時も水曜日はマルシェが立つことが多かった。ここのマルシェでも野菜、果物、チーズ等や色とりどりの花々が並べられとてもカラフル。

その後カテドラルへ。すると何のことはない。今日も広場にはバリケードがあって入れない。警官は昨日「明日は入れる」と言っていたのだが。近くの警官に訊くと、「カテドラルには入れますよ。少し迂回して」とのこと。指示に従って行くと確かにカテドラルの入口に到達した。

カテドラルの内部は荘厳そのもの。欧州の教会はどこも見る者を圧倒する。特にここはステンドグラスが素晴らしい。縦形の窓は外からの光を受けて恰も万華鏡のようだ。バラ窓には一六の花弁があり、一枚一枚のガラス片が極めて繊細で色遣いも美しい。フランス・シャルトルの大聖堂のステンドグラスと比べると、赤色が多く多用されている。それぞれの趣があり甲乙つけ難い。

その後、別の入口からミュージアムに入る。ここでセージョも押して貰った。受付では日本の「日本カミーノ・デ・サンティアゴ友の会」発行のクレデンシャルが好評。現地発行のクレデンシャルは簡素だが、日本のものは巡礼路や巡礼像などがカラフルに描かれている。

さてミュージアムの中に入ったのは良いが、展示室の入口が分からない。庭の回廊をぐるぐる回るばかり。偶々女性スタッフらしき人と遭遇。彼女が、「入り口はこちらですよ」と、ドアの鍵をガチャガチャ。漸く中へ入ることが出来た。中は中世のキリスト像や絵画、儀式用の聖具等数々。カテドラルの中から格子越しに見えたチャペルにも入ることが出来た。室内には磔刑後のイエスを抱くマリア像。子供を失った母親の深い悲しみが伝わってくる。

さて見終わって外へ出ようとしたら今度は先ほどのドアが開かない。すると上の方からマイクの声で女性の声。カメラでモニターしており、「ドアを開けに行きます」と言っているらしい。待つこと数分。漸くドアを開けて貰う。

外へ出てカテドラル前の広場に行くと、柵の周りは昨日と同じく黒山の人だかり。警官に訊くと「今日は料理番組の撮

レオンのマヨール広場のマルシェ

影で人気タレントが来るんだよ」とのこと。なあんだ、カテドラルの紹介ビデオの撮影ではなかったのね。それにしてもスペインの人達は物見高い。平日というのに、この人だかりは夕方まで続いた。

今日は市内散策を兼ねてパラドール・サン・マルコスまで、明朝のルートを下調べすることにした。早朝出発の際、道に迷うことが多いからだ。少し迷ったが何とかパラドールに到着。

スペインのパラドールは主に古城、修道院等歴史的建造物を改修した比較的高級な宿泊施設を言う。

レオンのカテドラルのステンドグラス。繊細で美しい

現在はチェーン組織で約九〇ある。ここレオンはサンティアゴ・デ・コンポステラと並ぶ五つ星の高級ホテル。一八三六年まではサン・マルコス修道院だったが、一九六四年にパラドールとして営業を開始したという。今日はシートで覆われ広場側からは入れないようだ。反対側に回りガードマンに訊くと、「現在は休業中」とのことで「入れません」。残念。ネットで調べると改修は二〇二〇年三月頃まで続くようだ。

レオンのパラドール前の広場の巡礼像。人生の長い旅路を振り返っているのか？

この広場に来たもう一つの理由はここの巡礼像で記念撮影をすること。昨秋の巡礼ツアーではこの広場には来なかった。この巡礼像は台座の銘板によればホセ・マリア・アクーニャと言う人の作だ。この巡礼像の男性、頬はこけ髭もかなり伸びている。帽子には巡礼の象徴であるホタテ貝の印。サンダルを脱ぎ、両手を組んで瞑想に耽る。彼の脳裏に去来するものは何か。ここまでの長旅か、それとも彼の長い人生そのものか。限りなく深いものを感じさせる。

帰り道、交差点の信号で青信号を待つ。すると赤信号でも横断歩道を渡る人がいる。じっと観察していると「信号無視派」は全体の三分の一から二分の一ぐらい。パンプローナでも観察したが、この時は四分の一から三分の一ぐらいだった。道幅や交通量によっても異なる。いずれにしても「欧米人は自己責任・自己判断で横断歩道を渡る」と言われるが確かにそういう人は多い。幼児期から交通ルール順守の教育を受けている日本人とは大分違う。ただ、何事にも「ルール順守」が求められ、「自己判断・自己責任」の意識が薄れている「どこかの国」も実は危ういのかもしれない。

帰路の途中、スーパーマーケットで食料品を購入（コラム9参照）。今回購入したのはクラブ・サンド、鶏肉サンド各一つ（一つ五・〇ユーロ／約一九五円）、赤リンゴ一つ（〇・四六ユーロ／約六〇円）、バナナ一本（〇・三三ユーロ／約四三円）、イチゴ一パック（二五〇グラム〇・九五ユーロ／約一二〇円）、トマト二つ（計〇・四〇ユーロ／約五〇円）、ビニール袋一つ（〇・〇五ユーロ／約六円）、計五・一九ユーロ（約六七〇円）。サンドイッチはともかくも、果物等の安いこと！　スペインが農業国であることを実感。

レオン市内のスーパーマーケットの計量器

ホテル帰着後、改めて全ての荷物をベッドに広げ不要分を整理。壊れた片方のストックも今日まで修理をして使ってきたが、ここでついに処分。合掌してここまでの貢献に感謝。

夕食は先ほど購入したサンドイッチ、イチゴと日本から持参したティーバッグの紅茶。コストも安いし、この方がずっと落ち着く。さて、久しぶりに小西さんからメール。

「本日、(レオンから約一〇〇キロ先の)モリナセカからヴィジャフランカ入り。昨日と違い山の上り下りが無かったので助かった。今日は雨も少なく気温も一五度前後で安定」とのこと。さらに、「自分たちの帰国便は今月一五日。このため一三日にはサンティアゴ・デ・コンポステラに入る積り。ゆっくりできる人が羨ましい」とも。

彼らがサン・ジャン・ピエ・ド・ポーを出発したのは私と同じ五月一八日。六月一三日にサンティアゴ・デ・コンポステラ着ということは二七日間で七八〇キロを行くという計算。バスや列車を使っているのだろうが、結構急ぎ足の旅だ。無事を祈るばかり。

コラム9

スペインのスーパーマーケットでの買い物の方法

巡礼中、バルやレストランでの食事だけでは飽きが来やすく、経済的にもかなりの負担となる。またボリュームが多すぎる場合もある。果物等を買いたい或いはアルベルゲ等で自炊をするという人もいるだろう。こうした場合、現地のスーパーマーケットで買い物をする必要が出て来る。しかしその場合の方法は日本とは少し異なっている。バナナを買う場合を例にとり、その具体的な手順を示す。

①まず品物を選ぶ。同一種が複数の場合はそばのビニール袋に詰める。
②その品物の番号（陳列棚に表示〈例：バナナは 25〉）を確認。
③上記の品物を近くの秤の上に乗せる。
④秤の上部には1番から始まる番号がマトリックス状に記してあるのでその品物の番号（この場合 25）を押す。
⑤その品物のグラム単価、重さ、価額等を記した糊付ラベルがカタカタと出て来るので、これをその品物（或いはビニール袋）に貼る。
⑥これをレジに持っていき、精算をする。

分かってしまえば簡単だが、初めはやや戸惑うかもしれない。その場合は近くの店員や他の客に訊けば教えてくれる。

巡礼二二日目

6月7日（木）　歩行距離21・8キロ

レオンからヴィジャール・デ・マサリフェへ

久しぶりにアルベルゲの二段ベッドに寝る

バル等皆無で呆然

ホテル発六時〇五分。外はさすがに暗い。カテドラル前の広場にはオレンジ色の街灯。欧州の街灯はほぼ例外なくこの色だ。日本の無機質な蛍光灯の白色より親しみが持てる。

二時間程歩いたところで分岐点。このまま国道沿いにセンダを歩き一三キロ先のヴィジャダンゴス・デル・パラーノに行くか、それとも左に入り一三キロ先のヴィジャール・デ・マサリフェに行くか。国道沿いのセンダは面白みに欠ける。左の方が高原沿いで車等の交通も少ないようだ。ここは迷わず左へ。直ぐ先の左手にフエンテ・エル・カインの巡礼のレリーフ。これも結構有名だ。その先は見渡す限りの草原の砂利道。朝日を浴びた木々が所々にある。その後は舗装道路で黄色い花がきれいだ。人影は乏しく、車も通らない。

フエンテ・エル・カインの巡礼のレリーフ

フレスノ・デル・カミーノのカフェで休もうと思っていたが、休業中。「では次のチョサス・デ・アバホのバルで」と先へ進む。ホテル出発後約四時間。漸くその村に着いた。が何とここのバルも休業中。これには本当にがっくり。仕方なくここのテラスでリュックを置き小休止。結局、今朝は国道の分岐点以降ここまでカフェやバルは勿論、自動販売機も皆無。

本年初、ある団体が都内で開催した巡礼説明会の席上、参加者から出された「巡礼路には自販機はあるのか？」との問いに説明者は「勿論。結構ありますよ」と回答。が、自分の経験からは「？」と思ったのだが……。結局、今回の巡礼路で自販機を見かけたのは僅かに数回。多くが店の中だった。現金が常に入っている自販機等は盗難の恐れが大きいため欧州ではあまり見ない。パリ在勤中、破壊され現金が抜き取られた公衆電話を多数目撃した。日本は治安が良く自販機が至る所に溢れている（飲料関係だけで二四七万台。二〇一六年末現在。自販機工業会調べ）。が、同様の状況を期待して現地に行くと大きく裏切られる。

さて、この村の前で私が追いついた中年男性巡礼も、落胆ぶりがありあり。二人で顔を見合わせ互いに首を横に振る。「水は大丈夫か？」と彼に訊くと、「大丈夫だ」とのこと。逆にチョコレート菓子をくれた。彼はポルトガルの人だった。北部のスペイン国境付近の生まれだが三五年以上英国・ロンドンに住んでいるという。彼はかかってきた携帯電話への対応で時間が取られそうなので、「ブエン・カミーノ」と言って先に出発した。

久しぶりのアルベルゲは今一つ

ヴィジャール・デ・マサリフェのアルベルゲ「カーサ・デ・ヘスス」着は一一時一〇分頃。今日は予約なし。「たまには飛び込みで宿を探すのもいいだろう」と思ったのだ。

あまりやる気のなさそうなお姉さんが対応。「空いているベッドはありますか？」とスペイン語で訊くと、"sí"（ハイ）との返事。宿代は七ユーロ（約九一〇円）。チェック・イン後、二階に案内して貰う。廊下の隅を指さして「ここでブーツを脱いでね」。靴箱などは無い。二段ベッドが二組の部屋を選ぶ。時間が早いため私以外は誰もいない。迷わず下段を選択。ベッドでは頭がつかえる。しかし、この階の廊下には幾つかマットが敷いてあり、ベッドが満員の時はあそこに寝るのだ。更にその廊下の窓にはガラスが無い。雨が強い時は当然雨が吹き込むだろう。これらを見ると贅沢など言えない。

誰もいないうちにシャワーを浴びる。その後、庭の洗濯場で洗濯。洗濯機などは皆無。あるのは大きなタライのみだ。水はかなり冷たく石鹸で洗おうとしても中々泡が立たず。

何とか洗濯を終え洗濯物を干していると、どこからか"TAKA-SAN!"という女性の声。カナダのマギーさんだった。「元気？　足の具合はどう？」と心配してくれた。「有難う。大分良くなった。そちらはどう？」「今度は私の足が痛くなってきたわ。だからあまり無理をしないの。一日精々一五～二〇キロ位かな。マイペースよ！」とのこと。彼女はこれからここで洗濯をするというので記念撮影。笑顔がとても良いオバさんだ。

彼女がカナダ人のマギーさん。明るい人柄。中々の「哲学者」

既に午後一時過ぎだ。地図アプリで探すと近くにレストランが一軒。ここで生ビールとスパゲッティ、フランスパン。まずまずの味。

昼食後、外に出ると、何と結構強い雨！　私が干した洗濯物は？　慌ててアルベルゲに戻る。干し場に残っていたのは雨に濡れる私の洗濯物のみ！　クソ！　明日洗い直すか……。

雨が降るとここのアルベルゲは本当に居場所がない。あるガイドブックによれば、ここの「売り」は「広い芝生の庭」らしい。が、その庭も無粋な塀で囲まれた小さなもの。ポブラシオン・デ・カンポスの「ラ・フィンカ」等に比べると遥かに小さい。またここには一応、併設のバルがあるが、専ら地元の人のトランンプ遊びや酒飲みの場。狭い部屋の中は大声と充満するたばこの煙。室外に二〜三テーブルと椅子があるが直ぐに満席となる。他には逃げ場がない。

ということで、やむなく自分のベッドで少し横になる。同室者のうち二人は欧米系の若いカップルだった。なぜかその二人が私のベッドの上段で二人で昼寝。二人の体重を合計すると百

アルベルゲ「カーサ・デ・ヘスス」の廊下のベッド。満員の時はここで寝る。窓ガラスは無い

アルベルゲ「カーサ・デ・ヘスス」の２段ベッド。下を選択した

数十キロ。ベッドが壊れて落ちてきたら……。やめて〜。

夕方、先ほどのレストランで少し早い夕食。アルベルゲに戻る。ベッドに就いたのは午後七時四五分。さすがにこの時間では私も眠れない。

この時、役立ったのが携帯ラジオだ。ここまでは全く出番は無かったが、ＦＭ放送を入れると実に多くの放送が入った。チャンネル数は恐らく三〇〜四〇。ＡＭもあり、実に多彩な放送が入る。これはフランスやスイス、イタリア、ポルトガル等でも経験済み。テレビについてもほぼ同様だ。ラジオやテレビのチャンネル数はその国の「文化度」を示す一つのバロメーター。この面でも日本は見劣りするなあ……。そんなことを考えながら、クラシック専門チャンネルのオペラを聴きながら深い眠りに入っていった。

●今日の宿
Casa de Jesus
7ユーロ
（約910円）

巡礼二二日目　6月8日（金）　歩行距離27・5キロ

ヴィジャール・デ・マサリフェから
サン・フスト・デ・ラ・ヴェガへ
今回の巡礼中最悪の悪路と豪雨に悪戦苦闘

泥道と豪雨

朝五時三〇分起床。同室の三人はまだ就寝中。ベッドの横で寝袋等のリュック詰め。こういう時は床に腰を下ろして作業が出来る下段の方が便利だ。「作業完了」と思って携帯の明かりでベッドを点検。するとシートのようなものが。そうだ、昨晩は「ベッド・バグ」（南京虫）対策で寝袋とベッドの間にビニールシートを敷いてあったのだ。

「ベッド・バグ」にやられたという巡礼の話は色々なブログ等に出て来る。痛痒いらしい。専用スプレーは航空機持込みは困難ということで断念。代わりにごく薄いビニールシートを持参していた。ここのアルベルゲはやや古かったので初めてこれを使用。昨晩被害は無かった。

これを入れ直して廊下に出ると、外は強い雨。慌ててポンチョ等を準備。結局宿を出たのは六時五五分。例によって前後に人影は殆ど無い。一〇時過ぎ、オスピタル・デ・オルビゴの有名なローマ橋が見

オスピタル・デ・オルビゴの有名なローマ橋の前で

える地点に到着。雨は殆ど止んでいた。ここのオルビゴ橋では一四三四年、美しい姫の恋の虜となったレオンの騎士キニョーネスが、その愛の証として一か月間に橋を通る欧州中の騎士と戦い三百本以上の槍を折ると誓い、めでたくこれを成就させたという。

ここで昨日洗濯場で話したカナダのマギーさんと出会った。改めて例の名刺を渡した。先日の夕食時には渡す機会が無かったのだ。とても喜んでくれた。彼女の名前も再確認。彼女に写真を撮って貰った。ここで彼女と別れ先に進む。暫く行ったところで「うん？何かおかしい？　道標が無い」。道を間違えたらしい。清掃をしていた男性に訊く。やはり間違えていた。

戻ること七〜八分。分岐点に出た。ここでは左手の国道沿いの道と、サント・トリビオ峠に上がる右手の山道の二つに分かれる。山道ルートを行く。暫く行くとヴィジャレス・デ・オルビゴの辺りから非常にぬかるんだ道に入った。泥が靴に粘りつく感じ。靴がかなり重くなった。これまでも何回かぬかるんだ道を歩いたがここは最悪。途端に歩く速度ががっくり落ちる。この悪路を行くこと三〇分近く。何とか脱出。すると今度は再び雨が降り始めた。

緩やかな坂道を上ったり下ったり。雨脚は非常に強くなってきた。途中、道の左脇に作業場のような建物があったので軒先で雨宿り。強い雨が雨樋伝いに落ちてくる。暫くしてやや小降りになってきたので歩行再開。今度は小石混じりの緩い上り坂が続く。

暫く行くと道路と並行して溝が掘られていた。幅、深さとも六〇~七〇センチ程度。この溝の向こうには幅四〇~五〇センチ程度の簡単な側道が続いていた。この側道の方が石や水溜まりが少なく歩き易そうだ。本道からこの溝を跳び越えて側道側へ渡る。一~二キロ歩く。するとここからは何と、溝はあるものの側道が無くなってしまった。ウソ!

何とか本道側に戻らねば。ところがこの辺りまで来る

ヴィジャレス・デ・オルビゴの辺りだろうか、非常にぬかるんだ道に入った

と溝の幅が大分広くなっている。一・三メートルはあるだろう。リュックを背負って溝を跳び越えるのは無理だ。一旦、溝の底に降りて本道側の壁に挑む。が、この辺りでは溝の底から道路面までの高さはかなり高くなっている。一メートル強か。何とかこれを上らなければと「登攀」開始。しかし雨水を含んだ壁はズルズルと崩れるばかり。正に「蟻地獄」！　格闘すること一〇分以上。両手、両足そしてポンチョも泥だらけになりながらも何とか道路面まで這い上がった。ヤレヤレ！　助かった！

その後も上り坂が続く。雨脚は更に強まってきた。時間当たり降水量は恐らく三〇～四〇ミリか。物凄い雨音！　これが断続的に小一時間続いた。上り坂は結構斜度があり、しかも雨脚も異常なほど強い。今は、足許だけを見て歩く。

ポンチョは殆ど役に立たず。今日はレインウエアも着ていない。ここまで強い雨は想定外だ。今から着ることも出来ない。小石混じりの赤土の上り坂は殆ど「川」の状態。水が跳ねながら落ちてくる。何とか坂を上りきり、農道の角の木立にもぐりこんで暫し雨宿り。

その後、小降りになり歩行再開。午後一時三〇分過ぎ、雨が止んだ下り坂の遥か下にサン・フスト・デ・ラ・ヴェガの街。暫く行くと、瓢箪から美味そうに水を飲む巡礼の像があった。喉に染入る水の美味さ。これは長い巡礼路を歩いてきた巡礼だけに分かるものかもしれない。

空きっ腹を抱えて洗濯等に励む

街道沿いの宿「オスタル・フリ」にチェック・インしたのは午後二時過ぎ。七時間の行程だった。温かいシャワーの何と有難かったことか！

次に洗濯。昨日雨で濡れた洗濯物と今日のドロドロの衣服等の洗濯で普段の二・五倍位の量。何とか終えてこれを窓の外のベランダに干す。このベランダ、幅は精々五〇センチ、窓に沿った奥行きは二メートル程度。手すりの高さは腰までもない。下を見ると車がビュンビュン。恐る恐る四つん這いになって先端まで進んで洗濯物を干す。フー。

これらの作業は空腹の身には非常に辛かった。今は既に午後四時過ぎ。考えてみれば今日、口にしたのは朝方のバナナ一本のみ。バルで何か食べるか。が、外の雲行きは何となく怪しい。干した洗濯物が心配だ。やむなく最後に残っていたリンゴ一個をかじりながら暫く様子を見る。

何とか天気も持ちそうになったので一階のバルへ。このバルは明るく静か。「ツマミは？」と訊くと若い女性スタッフ曰く「今は無い。タパスはあるが」とのこと。「それは何？」と訊く。何とそれはポテト・チップス。仕方がない。窓際の明るいテーブルでチップスを食べながら生ビールで乾杯。喉に染入る。先ほどの巡礼像の心境だ。その後、近くを散歩。のんびりとした小さな街。店は殆ど無い。天気が回復したので気持ちは良い。

午後六時、一階のバルでメヌーを頼む。第一の皿はスパゲッティカルボナーラ。第二の皿は肉団子のパン粉揚げ、デザートはメロン。これにフルボトルの赤ワイン一本とフランスパン。一三ユーロ（約一七〇〇円）。いずれも空腹の身にはとても美味かった。特にデザートのメロンはジューシーで最高。食事中、外を見ると雨が降っている。でも心配無用。こういうこともあろうかと今回は洗濯物を室内に入れておいた。スペインの天気は当てにならない！

今晩は疲れもあって早めに就寝。

ここにも巡礼像

●今日の宿
Hostal Juli
25 ユーロ
（約 3,250 円）

巡礼二三日目　6月9日（土）　歩行距離24・2キロ

サン・フスト・デ・ラ・ヴェガからラバナル・デル・カミーノへ　フランスのシニア女性との楽しくもしんみりした語らい

アストルガは落ち着いた街

昨日は結構疲れたので少し遅めに宿を出発。

アストルガの手前で鉄道線路を跨ぐ。跨線橋は緩やかな坂道を折り返しつつ上がっていく方式だ。距離的には長くなるがこれなら車椅子の人も利用できる。バリア・フリーは欧州ではかなり進んでいる。

アストルガに到着。この街は人口約一万二千人。この近辺では比較的大きい。ローマ帝国が砦（アストゥリカ）を築くなど北スペインの交通の要衝として栄えた。一時衰退したが十二世紀頃からは巡礼の復活などで勢いを回復。スペインで最初にキリスト教の司教座が置かれた三つの都市の一つという。

中心部のカフェの店先で朝食を摂る。通りがかりの人が私に「ボナペティ！」。「たっぷり召し上がれ」といった意味のフランス語。この言葉は今や欧州では殆ど共通語だ。

この街は小ぶりだが、静かで落ち着いている。ここの司教館はガウディが設計監督したがデザイン面での対立等から途中で手を引いたという。尖塔は何となくディズニーランドのシンデレラ城。以前訪れたバルセロナのサグラダファミリア（聖家族教会）ほど奇抜ではない。

通りの電光掲示板の気温表示は摂氏一〇度。寒い。昨日はもっと寒かった。異常気象だ。アストルガを出るとセンダが続く。前方を緑のレインウエアの若い女性と五〇代位の男性の二人連れ。親子らしい。彼女たちをペースメーカーに一時間以上その後ろを歩いた。この間、二人はずっと話していた。何の話だろう。就職の話か、ボーイフレンドの話か……。大自然の中で親子が和やかに話しながら歩いているのは何か微笑ましい。

フランスのシニア女性と語り合う

暫く行くと前方に、ブルーのウエアに短めのズボン、黒いリュック、金髪の欧米系シニア女性の姿。どこかで見たことがある……。追いついたので「ブエン・カミーノ」と言って挨拶。彼女も「ブエン・カミーノ」と返してくれた。顔を見て思い出した。二週間近く前、シルエーニャのアルベルゲの夕食で同席していたフランス人女性だった。確かあの時、白髭のシャルルさんの左隣に坐っていた筈。

彼女は私をしっかり覚えていた。「元気？　確かカリオン・デ・ロス・コンデスの教会前の広場でも出会ったわよね。あの時貴方はセリーズを食べていたわ」。あっ、思い出した。あの時、この人が何か私に話したのだがよく聞き取れず、どこで最初に出会ったのかも思い出せなかった。このため取敢えず英語で挨拶をしたのだが……。その時彼女はやや悲しそうな表情をした。思い出した。彼女は確かフランス語しか話せなかったんだ。

「御免なさい。あの時はルーマニアの友達からセリーズを貰い、食べるのに夢中だったので」と謝る。

その上で歩きながらフランス語で色々話す。彼女はフランス南部リヨン郊外のサン・テチエンヌ在住。子供が二人。上の息子さんは四三歳。孫が三~四人。孫の話をしている時はとても楽しそう。分るね、その気持ち。彼女は故郷の話もしてくれた。

「サン・テチエンヌは小さい街だけどとても静かで良いところよ」

「一度行ってみたいね。昨日の雨は凄かったね。山道で本当に大変だった」

「そうね。あんな凄まじい雨は殆ど経験がないわ。ところで貴方はこの巡礼が終わったらフィステーラまで行くの?」

「未定かな。もし行く場合はバスかな」

「私もよ。歩くのはサンティアゴ・デ・コンポステラまででいいわ。その後はプチ・バカンスよ!」

「それは全く同感!」

二人で「アハハ」と大笑い。

途中、道端に白い花の群落。彼女は「マルゲリータよ」と言っていた。和名は「ヒナギク」か。彼女によればフランスではこの花は「恋占い」に使うという。想いを寄せている相手が自分を愛しているか? 花弁をちぎりながら、「愛している」→「少し愛している」→「愛してない」→「愛している」の順で最後に残った言葉が相手が自分をどう思っているかを示すという。確かこうした花の恋占いは日

アストルガのカテドラル（左）と司教館（右）

本にもあったのでは。恋に揺れる乙女心は洋の東西を問わない。

彼女に「巡礼は何のため？」と訊く。彼女は悲しそうな表情で、「自分のかけがえのない親友が数カ月前に亡くなった。その鎮魂のため」とのこと。その友達は長い間、闘病生活を送っていたらしい。今回、彼女はリヨン郊外のル・ピュイから出発、サン・ジャン・ピエ・ド・ポー経由

親子らしい。二人でずーっと話していた

車いすの巡礼。右は支援者らしい

ラバナル・デル・カミーノの宿の外。遠くの山（テレーノ）には雪が残っている

ここまで来たという。その距離、既に一二〇〇キロ以上。親友の死は彼女にとって如何に重いものだったかが窺われる。彼女は私にこう尋ねた。

「貴方はもう仕事は引退したの？」

「ええ。二年程前にね。だからおカネは無い。でも自由にできる時間は山ほどある」

「私もよ。人生は意外と短いものかもね。生きているうちにやりたいことをやっておいた方がいいと思うわ」

彼女とは、次のラバナル・デ・カミーノの手前で別れた。残念ながら彼女の名前を訊く機会は無かった。しかし、彼女の言葉はその後も私の心に強く残っている。

ラバナル・デル・カミーノの宿は街の手前の「ラ・カンデラ」。一時前に到着。ここは道路に面した石造りの平屋で、芝生の庭にはパラソル等が数セット。何となく夏の避暑地の気分。が、遠くには何と雪を頂いた山々が見える。道理で寒い訳だ。

チェック・イン。受付の四〇代位の女性は腕にタトゥをしていた。とても親切。

部屋には既に暖房が稼働中。冷えた体には何よりだ。洗濯物も乾く。空腹だったのでレストランで先ほどの女性に「スパゲッティは?」と訊くと、「今は無い」とのこと。やむなくメヌーを摂る。チョリソーのスープ、鶏肉そしてデザートはティラミス。スープは体が温まった。

食後、サロンにいた親爺さん(タトゥオバサンの父親?)に「あの雪を頂いた山の名は?」と訊くと、紙に「TELENO」(テレーノ)と書いてくれた。標高二二〇〇メートルだそうだ。その後、調べるとスペイン北西部の最高峰だった。彼に「あの山は一年中雪があるのか?」と訊くと、「いや、そうでもない。雪が多い年でも雪が残るのは精々年間八~九カ月。今の時期にあれだけ雪が残っているのは非常に珍しい」とのこと。また彼には道中で見た黄色い花の名前も訊く。「PIORNO」(ピオルノ)とのことだった。

サロンに東洋系の五〇代位の女性が現れた。お互い自己紹介。奈良在住の京子さん。彼女曰く、「自分は基本的にはアルベルゲ利用。が、数日前から風邪をひき熱が出て咳も止まらないためホスタル形式の所に泊まっている」。スペイン語学科卒で在学中に数回、数カ月単位でスペインに滞在した由。彼女に先程の黄色い花の件を訊く。「日本で言う『エニシダ』ね」とのこと。

久しぶりに小西さんからメール。「今日も雨が断続的に降る中、サリアを越えてバルバデロ付近まで来た。Wi-Fiの調子が悪くて苦労している」とのこと。皆、色々苦戦しているようだ。

●今日の宿
La Candela
60ユーロ
(約7,800円)

巡礼二四日目　6月10日（日）　歩行距離19・9キロ

ラバナル・デル・カミーノからリエゴ・デ・アンブロスへ
花の道もイラゴ峠も霧の中

「鉄の十字架」はやや期待外れ

今日は二〇キロ先のリエゴ・デ・アンブロスまで。通常はそこから五キロ先のモリナセカまで行くようだがその場合、一気にアルタル峠（標高一五一五メートル）も下ることになる。がその下り坂はかなり急だ。右膝への負担を考慮して今日の旅程を短くした。

朝食はサロンで。例の親爺さんが給仕。「わらじ」のようなトースト、このトースト、炭火で焼いたのだろうか。とても香ばしく美味だった。

朝食が終わりかけた頃、京子さんが現れた。まだ咳が止まらないようだ。今日はモリナセカまで行く予定とのことで先発。朝食後、私も出発。外は小雨。レインウエアにポンチョを重ね着した。道は緩い上り坂。両側は白い花の大群落。何の花だろう。ここからは正に「花の道」。白色の花に加え、黄色（エニシダ）や藤色（ヒース）の花の群落も。聞こえてくるのは自分の足音と小鳥のさえずりのみ。前を行く巡礼は花の群落に隠れて上半身しか見えない。

「お花畑」が続く。あいにくの雲と霧

ピンク色の花は珍しい

　雨は殆ど止む。が、暫く前から出始めた霧は一段と濃くなった。舗装道路脇の上り坂をひたすら上る。ふと見上げると坂のてっぺんに一本の高い塔。「えっ、ひょっとしてこれがあの『鉄の十字架』?」。確かに先端には十字架がある。多くのガイド本には「鉄の十字架」は「古くから巡礼が出身地等から願いを込めた石を置いていく特別な場所」として紹介されている。が、目の前の十字架は、と言えば直ぐ脇の舗装道路を車がエンジン音を響かせて疾走。しかも十字架のある小山には石だけでなく色々な物が散乱。いずれも巡礼が持ってきたものなのだろうが、お世辞にも綺麗と言える風景ではない。静寂・崇高な姿をイメージしていただけに、感動は乏しかった。

一応写真を撮ってすぐに出発。このイラゴ峠（標高一五〇五メートル）の辺りからアルタル峠辺りが「フランス人の道」では標高が最も高い。前方を遍路笠姿の男性が進む。彼が休憩したところで漸く追いつく。佐藤さんという六〇代半ばの日本人男性だった。以前、四国のお遍路を経験したという。お遍路からスペイン巡礼に来る人は結構多い。久山、黒田両氏も然り。両足首にビニール袋を巻いている。「ああこれ。これは泥除け。韓国の巡礼がやっているのを見てマネをしているの」とのこと。なるほど。ただ見栄えはイマイチですね。

彼とは一時間程歩きながら話す。興味深かったのは「巡礼に来るための条件」という話。彼が特に強調していたのは「身内の健康」。「身内に介護等が必要な人がいた場合は、巡礼に来るのは困難だよ」と。確かにそうだ。配偶者等が寝たきりなどになると長期の巡礼などはまず不可能だ。改めて家族の健康を有難いと思った。

これが「鉄の十字架」

午前一〇時にマンハリンを通過した後は、再びヒースやエニシダの大群落。時折、細かい雨。下り坂は岩肌がむき出しで滑る。おまけに小石がゴロゴロ。非常に歩きにくい。慎重に歩く。

するとと前方に、靴を脱いで両手に持ち裸足で歩く東洋系の男性巡礼が一人。この道ではかなり痛いだろうに。一体何のため？　彼を追い越すとその先には同じように裸足で歩く東洋系の女性巡礼が一人。二人は韓国人夫婦らしい。靴が擦れるのか。いや裸足の方がもっと痛いだろう。何かの修行か？　韓国にはキリスト教徒が多い。テレビでキリスト教等の聖地で信者が跪いて進む姿は見たことがあるが裸足は……。ついに謎は解けず仕舞い。

巡礼の常連から「巡礼とスペインの今昔」を聞く

一時少し前、リエゴ・デ・アンブロスの村に着く。ここは本当に小さな寒村だ。人通りは殆ど無い。道端に木々に囲まれた小さな礼拝堂があった。そっと覗くと薄暗い堂内にリュック姿の女性巡礼が二人。私に「入れるわよ」と手招き。入ってみると、誰かの像が正面にロウソクの灯りで浮かび上がっている。心の中で祈りを捧げる。

今晩の宿は「ペンション・デ・リエゴ・デ・アンブロス」。村外れの丘の上にあった。誰かの別荘かと思うような建物。門を入ると、手入れされた庭には色とりどりの花々。玄関ではマダムが笑顔で迎えてくれた。部屋は二階でベランダからは遠くに緑の山々が広がっていた。

広いサロンでパスポート等を出してチェック・イン。六〇代位のマダムは上品な人。彼女はスペイン語で説明をするが断片的にしか理解できず。理解出来たところがあったので、「ウィ」と答えたら「フランス語が話せるの？」と。「ええ、少し」と返答。そこからはフランス語で会話。意思疎通がかなりスムーズになった。

私が「実は朝食以外何も食べていない。非常に空腹。どこかで食事は出来ないか？」と訊く。すると彼女、「それは大変。でも村のレストランは廃業してしまったし。アルベルゲで何か食べられるんじゃないかしら。ちょっと待っててね」と言ってそのアルベルゲに電話をしてくれた。

そのアルベルゲに行くと中年のオスピタレイロが快く迎えてくれた。キッチンで彼が手早く作ってくれたのは、ジャガイモのトルティージャと炒めたソボロ状のチョリソー、それに大盛のサラダとパン。地ビールと併せ、「飢餓状態」の私には最高の食事だった。

その折、「昼食ですか？」と日本語で話しかけられた。今田さんという三〇代の日本人男性だった。食後、強い日差しの下、庭で彼と彼の友達の海老名さん（五〇代位）と三人で歓談。彼らはスペイン巡礼には何回も来ているという。「以前と比べて変わったこと」として彼らが話したのは、まず「道路が随分整備され道標も増えたこと」。また、「米国人巡礼が格段に増え、しかも以前彼らはアルベルゲにはまず泊まらなかったが、最近は結構泊まる。韓国人巡礼も増えた。また自分達は殆ど自炊だが自炊が出来るアルベルゲが減ってきた。特に公営アルベルゲ」

更にこういう話もしていた。

「手前にあるフォンセバドンの村では以前は、野犬に追いかけられ、立入禁止と表示されている場所

岩と石の道を裸足で歩く韓国の巡礼さん

は妖気が漂うような感じだった。が、今は巡礼の増加で大盛況。アセボの村もやり手の人が積極的に売り込んだ結果、随分人が来ているようだ。一方、当地はかなり寂れ、レストランも今日下見に行ったら既に廃業していた。スペイン全体が豊かになるのなら良いんだけど、地域ごとの格差がかなり広がっているようだ」

「繁栄」の裏に隠された「格差拡大」。スペインでもこの問題は深刻になりつつあるようだ。

●今日の宿
Pension Riego de Ambros
40 ユーロ
(約 5,200 円)

巡礼二五日目

リエゴ・デ・アンブロスからカンポナラヤへ
パスポート紛失？

6月11日（月）　歩行距離22・3キロ

貴重品を点検。冷汗が流れる

朝五時半起床。七時からの朝食には少し時間があったので、念のためウエストポーチの貴重品等を点検。すると無い。何が？　パスポートが無い！　ウソ！　そんな筈はないだろう。もう一度探す。無い。何回探しても無い。リュックや室内も確認したが無い。どこで無くしたのか。昨日チェック・インの際、マダムに渡したことははっきり覚えている。するとその後か。その後はアルベルゲに行って昼食と日本人巡礼との歓談。が、あの時はパスポートを出してはいない。するとやはりマダムに渡したままか。もしそうなら、マダムが気付くだろう。

うーん、困った。もしパスポートが出て来なければ再発行が必要だ。その場合はマドリッドの大使館まで行かねばならなくなり日程は大幅に狂う。場合によってはここで巡礼は終わりにしなければならないかも……。様々な不安が次々と頭をよぎ

モリナセカへの入口。右手はアウグスティアス教会、左手はサン・ニコラス教会

る。予約した朝食の時間が迫る。やむなく一階のダイニングキッチンに降りる。マダムに「パスポートを失くしてしまったようだ」と伝える。「えっ、何ですって。それは大変。昨日は確かにあったわよね。二階のサロンに行って探してみましょう」二人でサロンへ。部屋の片隅でマダムがゴソゴソ探す。暫くして「あっ、あったわ！」と言って日本国政府の赤いパスポートを私の所へ。確かに私のものだ。「ああ良かった。昨日、チェック・イン終了後返して貰うのを忘れたようですね」。「私も気付かなくて。申し訳ありません」

前にも書いたように巡礼に来て色々な物を失くす。日本とは全く異なる環境の下での長旅の疲れ等から注意力が散漫となってくる。注意をしなければ。ただ、今朝「一度貴重品を確認しておこう」と思ったのはまだ注意力が残っていたということかも。もしあの時、その確認をせずに出発をしていればずっと先の宿まで紛失に気付かなかったかもしれない。パスポートの提示を求めない宿泊施設も少なくないからだ。神様がこれまでの私のささやかな巡礼行を不憫に思い、注意喚起をしてくれたのだろうか。

朝食を終え玄関へ。マダムに別れの挨拶。「雪山が綺麗ですね。こんな素晴らしい景色の下で暮らせるのは羨ましい。きっと長生きが出来ますよ」「有難う。ただ今年の天候はやや異常で、あそこまで雪が多く残ることは滅多にないのよ」やはり異常気象なのだ。

村を出ると直ぐに森の中の急な下り坂。昨日よりも遥かに急で表面はツルツル。一歩一歩慎重に下る。脇を他の巡礼が一人、二人と追い越していく。「こういう時はマイペースが肝要」と自分に言い聞かせる。この坂を下りること二〇分。そこからは山々に囲まれた舗装道路を行く。

モリナセカ着は九時頃。街の手前右側にはアウグスティアス教会。その先にはマルエロ川にかかる石造りの「巡礼の橋」があった。緑の木々や芝生、清流が美しい。対岸には十七世紀建立のサン・ニコラス教会が見える。静かな心休まる風景だ。普段ここの川べりでは巡礼が靴を脱いで休憩をするという。が、今日は肌寒く人影はない。

街外れの聖人像を過ぎると緩い上り坂。明るい道の両側には立派な住宅が続く。アップ・ダウンを繰り返しながら歩くこと約一時間半。ポンフェラーダの入口のマスカロンの橋を渡る。

ここポンフェラーダは人口約六万九千人。ローマ時代から続く由緒ある街だ。街の名前は十一世紀にアストルガ大司教オスムンドによって木の橋が「鉄の橋」（PONS FERRATA）に架け替えられたことに由来するという。

線路の下をくぐり、昔イサベル女王の命で建設された「オスピタル・デ・ラ・レイナ」の手前を右に曲がる。すると突然、見たことのある風景が現れた。十二世紀建立のテンプル騎士団の城跡だ。ここは昨秋、巡礼ツアーのバスで立ち寄った。あの時は一〇月も末の曇り空で肌寒かったが、今日は陽光を浴びている。城跡前のカフェ兼パン屋で軽食休憩。空気は爽やか。

今日は何度も道に迷う

その後、「鉄の橋」を渡り、公園の道を行く。右側には深い緑に囲まれたシル川の流れ。が、前後に

ポンフェラーダのテンプル騎士団の古城

巡礼の姿は無い。道を間違えたのか……。歩くこと四〇～五〇分。何とかモホン（道標）を見つけた。メインルートに合流したようだ。ヤレヤレ。

この先で再び道に迷う。先ほど二～三人の巡礼を追い越したまでは良かったのだが……。どっちに行けばよいのか……。道行く人を摑まえ尋ねる。当然向こうはスペイン語。それもかなりの早口で。彼らが指さす方向へ歩く。暫く行くと、うーん、どっちだ？　また別の人に訊く。これを何回か繰り返す。リュック姿で歩く巡礼を発見。何とか本来の道に戻ることが出来た。

この辺りの風景は青空の下、遠くに山々が連なり、手前には余り大きくない畑や林。どこかで見たような懐かしい風景。そうだ、日本の群馬や長野の高原地帯だ。昔、こうした風景の中、家内と度々ドライブした。陽光の下、赤い花が揺れている。ノンビリとした風情。

カンポナラヤの宿到着は午後一時半。ここの主人からは事前にメールで「入館は入口で以下の暗証番号を入力。玄関内に部屋の鍵有り。到着次第、メールで連絡を」とのこと。メールを打つと、やがてその主人が到着。四〇代位の明るい雰囲気の男性。曰く「午前中は別の所で働き、午後ここに来ているんです」と。うーん。ダブルインカムか。いいね。そう言うと彼は「いや、両方足しても大したことは無いですよ」。イエイエ何をおっしゃいますやら。貴方の顔には「今の収入には十分満足」と書いてありますよ。

夕食は近くのバルで。色々考える。特に昨晩のペンションのマダム。彼女は一人暮らし。ペンションの管理も彼女一人がやっているようだ。これらの点では二〜三週間前のロス・アルコスの民宿のお爺さんと同じ。ただ何となく彼の方に「哀れ」を感じるのは何故だろう。彼の方が大分年上ということもある。がそれ以上に「男やもめ」の辛さが滲み出ていたということかもしれない。女性は炊事、家事等は専門。一方、男性の多くは一人暮らしになって仕方なくこれらを始める。どうしてもそこには「ぎこちなさ」があり、老齢の場合は「もの悲しさ」も加わる。自分もひょっとしてそうなるのかも……。などと考えたら赤ワインの渋みが増した。

●今日の宿
La Casita Camponaraya
30ユーロ（約3,900円）
朝食込み

ポピーの赤い花が美しい

巡礼二六日目　6月12日（火）　歩行距離25・4キロ

カンポナラヤからトラバデロへ急な上り坂が続く山道を唯一人で歩く

分岐点で選択を迫られる

簡単な朝食の後、宿を出発したのは六時四五分。前後に人影無し。街外れの環状交差点で道に迷う。ジョン・ブライリーの地図を見ながら歩き出す。すると交差点で一時停止したトラックから運転手が左手を出し、「そっちではない。こっちだ、こっちだ」と指示してくれた。有難かった。今日もまた地元の人達に支えられて歩く。

青空が広がってきた。土の道。緑の木々と遠くには低く連なる山々。暫く行くと道は林に入る。小川のせせらぎが心地よい。緩い坂の上には何やら大きな看板。スペインに限らず、欧州では郊外で広告看板を見ることは非常に少ない。郊外では人口密度が極端に低く広告効果が薄いことや、環境保護面からの規制があるのかもしれない。さて何の看板だろう？　と見るとこの先のカカベロスのホテルの広告だった。客の争奪戦はかなり激しいのかもしれない。

カカベロスの街に入る。通りの家々の二階部分は通りに大きく張り出している。その下に支え等は無い。かなり不安定に見える。日本なら「建築基準法違反」だろう。地震が無い国ならではの光景だ。コワイので、極力通りの真ん中寄りを歩く。

その先は緩やかなアップ・ダウンの道。空は雲が殆ど無くなり、青空が広がる。道の両側はブドウだろうか、農作物の畑。遥か向こうには雄大な山々が続く。

その後、緩い坂道を下る。右手には高いポプラの木々と色とりどりの家並み。安野光雅氏の絵葉書のようだ。ビジャフランカ・デル・ビエルソの街の入口だ。ここは人口約五千人。街の名前は「ビエルソのフランス人の村」。十一世紀、フランス人開拓者達によって拓かれたという。

街の入口左手には十二〜十三世紀建立のサンティアゴ教会。ここには「赦しの門」(ラ・プエルタ・ペルドン)がある。この門をくぐれば全ての罪が赦され天国に行けるという。その昔ここでは、病気などで巡礼の続行が困難となった巡礼に対し、サンティアゴ・デ・コンポステラまで巡礼を完遂した「巡礼証明書」(コンポステラ)が交付されたという。今では特別な時のみ門が開かれる。街の中のマヨール広場のベンチで小休止。朝出発以来約三時間。休憩もおやつも一切取らず。さすがに疲れた。朝食の残りのミニケーキで何とか凌ぐ。

一息ついて再出発。街外れの「巡礼の橋」を渡る。直ぐ先に分岐点があった。今日の宿泊予定地は約一二キロ先のトラバデロ。右側の道はプラデラ峠経由の山道。一方、左側の道は国道沿いの比較的平坦な道だ。さてどちらに行くか。国道沿いの道は何となく気が進まない。また明日はいよいよあの「オ・セブレイロ峠」。足慣らしをやっておくのも良いかも……。

ヴィジャフランカの街外れの分岐点。さて、どちらへ行くべきか？

後ろから自転車で来たスペイン人らしい二人の若い男性巡礼は「当然、左だよ。右側の道は進入禁止と書いてある」と言って走り去る。でも「進入禁止」は自転車だけでは？　左側の通りを来た、地元の人らしいお婆さん。身振りも交えて、「あんた。こっちの平らな道を行きな。右はダメだよ」。うーん、そうかねえ。すると、二〇歳位の若い女性が横を通った。地元の人らしい。念のため訊いてみる。「どっちの道が良い？」。彼女、「右の道はハード。でもとってもビューティフルよ」。うーん、そうか。やっぱり右だよね。私は若くて美しい女性の言葉に弱い。

　右の坂道を登り始める。すぐに、この道を選んだことを後悔した。上り坂は非常に急でしかも岩肌がむき出し。板状の浮石も多い。下り坂は全くなし。息はゼーゼー、ハーハー。が、慣れてくると、周りの景色が見え始めた。所々にピンク色の綺麗な花。標高が上がるにつれ、後方のヴィジャフランカの街が小さくなってくる。前後に人影は全くない。山並みは更に雄大になってきた。

青空の下、ブドウ畑だろうか

途中にポール状の道標があった。そこには「緊急時は112番に連絡を」という表示。ここで遭難するケースもあるのだろう。ここで万が一転落したらどうなるのか？「日本人巡礼、スペインで遭難死」。そういう見出しで日本の新聞にも載るのだろうか……。心配が頭をよぎる。

「もうそろそろ頂上か」と思って坂を上りきると、その

道標。「緊急時は112番に連絡を」とある。遭難事故が起きるところということか

向こうには新たな上り坂が現れる。これの繰り返し。

一二時過ぎ、前方に確かに人影。欧米系の女性だった。「オラ！」（やあ）と巡礼の挨拶を送ったが無視。イヤな感じ。もっともこんな山道で見知らぬ男に声を掛けられてもねえ……。

この辺りが最高地点か。標高約九三〇メートル。遠くの山々がよく見える。峠を過ぎた辺りからは下り坂となり、その先は緑の木々に囲まれた比較的平坦な道に。陽光が燦々。爽やかな風も吹く。道が分からなくなったので地元の人に訊く。「この舗装道路の先を右に入れ」とのこと。指示に従うと急な小石混じりの林間の下り坂だった。足への負担が心配。極力ゆっくり降りる。この後、この道を離れそばを走る舗装道路に戻る。この方が距離は長いが負担は少ない。

宿の場所が分からず電話でイライラ

午後一時半頃トラバデロの村へ。ところがブッキング・ドット・コムに連動する地図アプリが示す場所に、今日の宿の「エル・プエンテ・ペレグリノ」がない。地図が示す地点近くの人達に訊いたが、要領を得ない。やむなくその宿に英語で直接電話をかけてみる。女主人に事情を話し、どう行けばよいかを尋ねた。しかし歩きながら携帯でこちらの居場所を伝え道を指示して貰うのは意外と難しい。上手くコミュニケーションが取れない。こちらは山道を歩いてきた疲れと空腹でややイライラ。すると先方の返答もぞんざいになってくる。

村の通りを暫く下って近くの人に訊く。何とか場所が分かった。村へ入って三〇分。漸くその宿に到着。女主人は、会ってみればなかなか気さくな人だった。問題の主因はどうやらブッキング・ドット・コムの地図が間違っていることにあるらしい。彼女も度々同社に訂正を要求しているらしいが、埒があかないという。「でも繰り返し訂正を要求した方が良い。誤った地図を載せ続けると私のように『こんな宿には二度と泊まるものか！』という人が増えるからね（笑）」とアドバイス。もっとも今回の混乱の一つの原因は当方の英語力の乏しさにある。直に話してみると彼女、英語はかなり上手。彼女には先ほどの件を詫びる。「何のこと？　あああのことね。気にしないで」と。「大人の対応」でした。夕食は近くのレストランで。メロンは最高だった。

昨日、久しぶりに小西さんからメール。私は今月八日、サン・フスト・デ・ラ・ヴェガへ行く途中豪雨に遭遇したが、その際は先行する彼らも雨に降られようだ。が、ひどくなる前に宿に入ったという。また彼らは昨日、ここから八〇キロ先のポルトマリンからパラス・デ・レイまでの二五キロを歩いたが、終日曇りで気温は一五度前後と六月とは思えない寒さだったという。彼の足の腫れは大分引いてきたようだ。同じ巡礼仲間の近況を伝えて貰うと嬉しいね。

●今日の宿
El Puente Peregrino
30 ユーロ
（約 3,900 円）

巡礼二七日目　6月13日（水）　歩行距離18・7キロ

トラバデロからオ・セブレイロ峠へ巡礼路最後の難関に挑む

いざ、オ・セブレイロ峠へ！

七時に宿を出発。今日はいよいよ巡礼路最後の難関のオ・セブレイロ峠へ。ここトラバデロは標高五八〇メートル。一方、オ・セブレイロ峠は一三三〇メートル。標高差は七五〇メートルだ。これだけの上りの標高差は「フランス人の道」では他に余り無い。宿の前で軽くストレッチをしていると、若い男性巡礼が通過した。ペースメーカーとして丁度良い。彼の後に続く。比較的広い舗装道路脇の歩道を行く。両側には深い緑の木々。朝の小鳥のさえずり。青空の下、遠くには山並が続く。車は少なく足音のみが響く。

私は今回の巡礼では朝、少し早めの時間に宿を出発することにしている。それは何と言ってもこの清々しい空気が好きだからだ。「巡礼の歩行中、一番好きな時間を挙げろ」と言われれば、私は迷わず朝の出発直後の時間を挙げる。朝の清々しさに加え、「さあ、今日はどんな日になるのだろう」という期待感もあるからだ。

やがて先行する彼が、道の脇にあるケーキ屋らしき店に入った。私も続く。後を歩いていたもう一人の男性巡礼も続いた。ここはケーキ中心なのでパンなどは無い。結果的に三人ともこの地方で有名なアーモンド入りケーキの「タルタ・デ・サンティアゴ」やカフェ等を注文、屋外のテーブルを囲む。前に広がる草地では牛がのんびりと草を食んでいる。

ペースメーカー役の彼の名前はピーター。ハンガリー出身だという。三〇代位の、見るからに好青年。もう一人はスロバキアの人。五〇代位。三人で色々ダベリング。

「ここはのんびりしていていいねえ。東京は人口過密で交通渋滞や通勤ラッシュが凄い」

前方を行くのはハンガリーのピーターさん

これは「リカンベント」というタイプの自転車だった

自転車巡礼の一団。余りの急坂に自転車を降り、手で押して上っていた

「うん。日本では乗車時には駅員が後ろからプッシュするそうだね」

「以前は乗客を剝がす役割の駅員もいたよ」

「ホント！」

「東京都の人口だけで約一千三百万人。色々な問題の主因だ」

「ハンガリー全体でもそんなにいないよ」

「スロバキアはその半分だよ！」。三人で爆笑。


休憩が終わり歩行再開。ピーターさんは昔、足を痛めたことがあり、その影響で、スタート直後は速度が上がらないという。暫く歩くと元の快調なペースに復帰。彼とは途中の村で別れた。

眩しい青空の下、道の両側には深い緑が続く。その先で馬に乗った男女が二人。昨晩の女主人の話では四〇ユーロ位で馬で峠に上れるらしい。その先には珍しい形の自転車を発見。仰向けの格好でサドルに乗り両足を伸ばしてペダルを漕いでいる。この人はどこか悪いのか？　あとから調べてみると、これは「リカンベント」というタイプの自転車だった。空気抵抗が少なく視界も良い等のメリットがあるという。巡礼にも色々な方法があり面白い。

道の遥か向こうには山々が連なる。少し上がると新しい山並みが出現。一体どれがオ・セブレイロ峠なのか？　途中、六～七台の自転車集団が軽快に追い越していった。が、舗装道路の斜度は次第にきつくなっていく。彼らは道路を右に左に蛇行しながら登っている。

エレリアスを過ぎた辺りから道は石ゴロゴロの急坂に。道幅も狭い。息遣いが荒くなる。こんな急な坂では先を行く自転車集団も大変だろう。と思っていたら案の定、最後尾の人は自転車から降りて押している。かなりしんどそう。坂の上の方からは、何やら外国語で彼を気遣う声。

一〇時三〇分。皆、坂の途中で小休止。ウクレレを弾くおじさんもいる。自転車集団の一人が話しかけてきた。「日本人か?」と訊くので、「そうだ」と答える。彼はポルトガル人で日本にも行ったことがあるという。「大阪や京都には行ったが、残念ながらトーキョーやマウント・フジは行けなかった」由。こういう何気ない会話も巡礼ならでは。

その先のラ・ファーバの集落を過ぎると、森の中の道が急に終わり、視界は一変。遠くの山々を望む雄大な景色となった。快晴の空の下、緑色の緩やかな稜線がどこまでも続く。先を行く巡礼の赤いリュックがポツンと見える。道は岩がむき出しで滑り易く要注意。

峠の小さな教会には巡礼の魂が宿る

一二時少し前。道の右側に続く石垣を過ぎ、舗装道路を渡る。そこには欧州各地からここまでの巡礼路を示した黒い石碑。ここがオ・セブレイロ峠だ。標高一三三〇メートル。ついにこの峠に到着したのだ!　ここには昨秋、巡礼ツアーのバスで立ち寄った。とても懐かしい。あの時は、まさかこんなに早くここを再訪するとは思ってもみなかった。

近くの小高い丘に登って周囲を見渡す。三六〇度の展望。教会の鐘が鳴りだした。丁度正午だった。

標高はかなり高くなってきたが……

ぽつんと立つ木の葉がそよ風に揺らぐ。汗だくの体にはとても心地よい。

その後、近くのサンタ・マリア・レアル教会へ。先ほどの鐘はここの鐘の音だ。この教会は九〜十世紀の建立といわれ「フランス人の道」最古の教会とされる。堂内ではミサが終わるところだった。「巡礼のためのミサ」か。ミサの最後で参列者同士が握手をしている。ロンセスバイエス等の教会で体験したものと同じようだった。

外から見ると、この教会は小さいが本当に趣がある。苦労に苦労を重ねてここまで登ってきた数多くの巡礼達の「魂」が集積しているようだ。近くには石造りで萱葺き屋根の「パジョッサ」と呼ばれる古い民家跡も残っている。近くのレストランで昼食。店の前の広場は晴天の下、多くの巡礼の姿。ギターを弾く人も。昼食は「メヌー」で一二ユーロ（約一五六〇円）。アホ（ニンニク）のスープが熱々で美味。

宿はすぐ近くの「カサ・ルーラル・ヴェンタ・セルタ」。

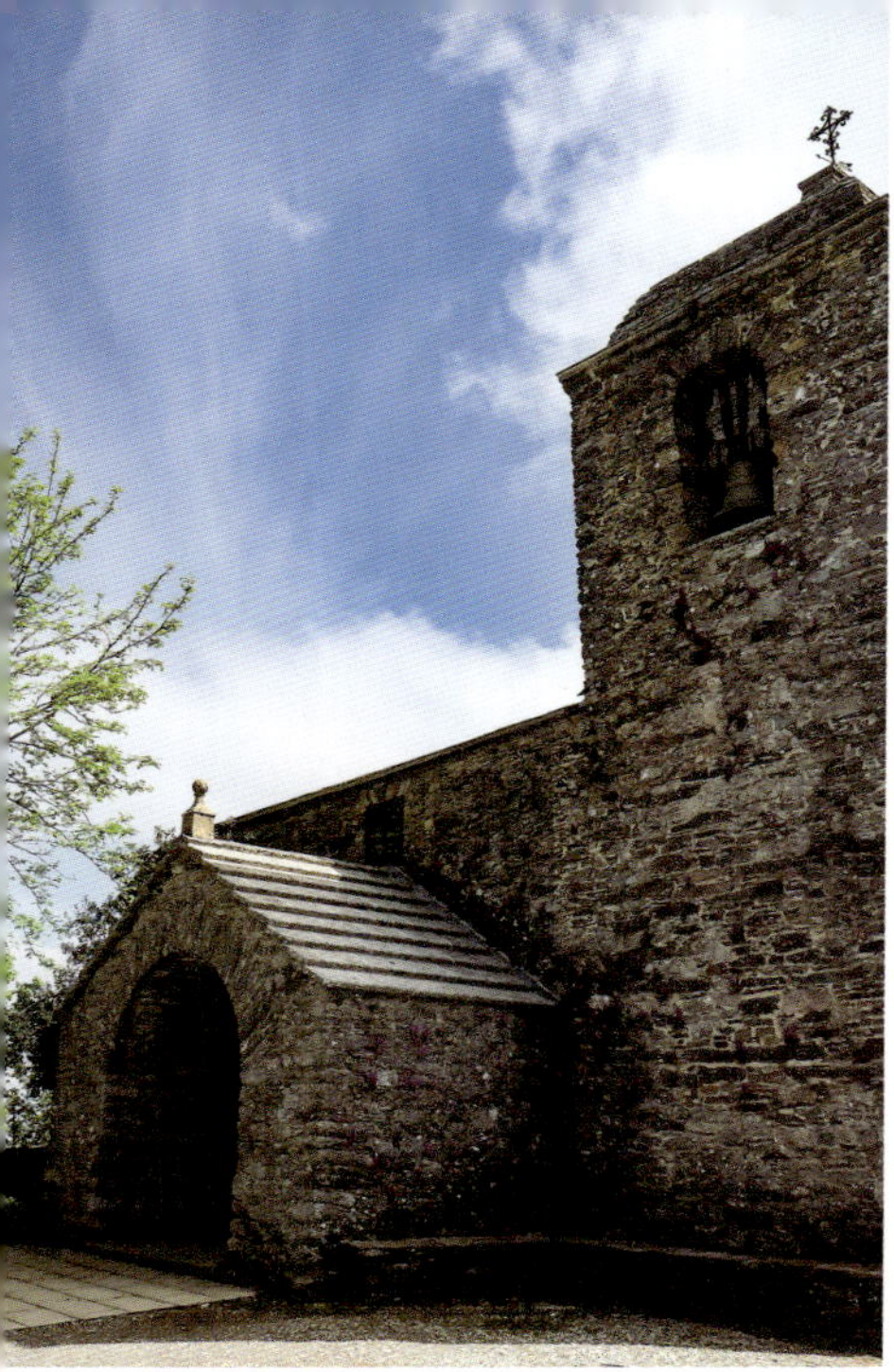

オ・セブレイロ峠のサンタ・マリア・レアル教会

オ・セブレイロ峠の欧州巡礼路の碑

オ・セブレイロ峠の集落

一階のバルで受け付け。クレジットは使えず。現金をやや多めに持っていて正解。ここではパスポートの提示は求められず。夕方はかなり冷え込んだ。携帯を開けてみると、昨夕、京子さんが発信したメールが届いていた。

昨日彼女は、なんと私が孤軍奮闘して登った、あのプラデラ峠越えの山道を歩いたという。「途中知り合ったチリの女性と一緒で眺望も素晴らしかった。が、余りにも疲れすぎて山の麓のトラバデロ（私が泊まった所）からタクシーでこのヴェガ・デ・ヴァルカルセまで来る羽目となり、おまけにトラバデロに杖を置き忘れた。運転手さんが探しに行ってくれているが、もし見つからなければ、明日のオ・セブレイロ峠越えは杖無しかも」とのこと。更に彼女は「今晩泊まるヴェガの宿は一人部屋を希望したが、八人部屋しか空きがなく、しかもそこには自分以外誰もいない。普段ならラッキーとなる筈だが、その部屋は古くぼろい部屋で、しかも開けっ放しで怖い。幽霊が出そう！」とのこと。

昨晩、幽霊は出たのだろうか。

●今日の宿
Casa Rural Venta Certa
40 ユーロ
（約 5,200 円）

巡礼二八日目　6月14日（木）　歩行距離20・7キロ

オ・セブレイロ峠からトリアカステラへ南米の人達との楽しい語らい

またまた道を間違える

七時過ぎ、宿を出発。快晴だ。昨日の丘に上る。東方の稜線上から朝日が少しずつ顔を出す。ホウキ雲が青空を斜めに横切る。遠くの山々が明るく輝き、谷間には雲海が広がる。

木々に囲まれた緩やかなアップ・ダウンの道が続く。この辺りは昨年も歩いた。右手の林間からは遠くの山並が見え、如何にも「緑多いガリシア州」という感じ。時折他の巡礼が追い越していく。焦ることは無い。この景色をゆっくり楽しもう。

暫くしてリニャーレスの集落に到着。京子さんからその後貰ったメールでは、昨晩はここのアルベルゲに泊まったらしい。「牛とハエしかいない所」と。確かにそういう雰囲気だ。そして一昨日の例のヴェガのアルベルゲの件。「結局、鍵無し・暖房無しの幽霊部屋ではなくダイニングルームのソファで寝た」とのこと。残念。幽霊が出た話を聴けると思っていたのだが……。

八時二〇分、サン・ロケ峠に到着。帽子が飛ばされないように必死に抑える巡礼像で有名だ。その先には緑の谷間が広がる。途中からかなりきつい上り坂となる。去年、こんなきつい上り坂はあったかな？　等と考えながら上ると突然、見たことのある風景が現れた。ポヨ峠のバルだった。ここのバルでは昨秋のツアーでも休憩した。

テラス席を探していると京子さんがいた。「結局、杖は運転手さんが見つけてヴェガの宿に届けてくれた」とのこと。ストック無しでオ・セブレイロ峠を上るのは厳しい。良かった。今晩はトリアカステラに泊まるという。私も同じだ。一足先に彼女は出発。

その後、三キロほど先のフォンフリアの手前で彼女に追いつく。バルのテラスで休憩。彼女は赤のグラスワインをガンガン飲む（咳がまだ続いているのにそんなに飲んで大丈夫？）。話は一昨日のプラデラ峠がいかに大変だったかで盛り上がる。「プラデラ峠は大変だったよ。前後に殆ど誰もいないし」。「本当にそうね。オ・セブレイロ峠は大変だと聞いていたけど、プラデラ峠の上りの方が大変だったわ。でも、私の方はチリの女性と一緒だったから何とか大

オ・セブレイロ峠の夜明け

サン・ロケ峠の巡礼像に着いた。お決まりのポーズで記念撮影

丈夫だった」。

丁度その時、店の前の道を一人の欧米系（？）の女性巡礼が通った。京子さん、「あ！　彼女よ！　そのチリの人は。パウリーナ！　こっちよ。こっち！」とその彼女に声を掛ける。その彼女も気づきこちらへ。四〇歳前後のスリムな女性だった。三人で少し歓談。

その後、私が少し先に出発し村を出た。ここからは下り坂だ。ぬかるみもあったが、石混じりの土の道を快調に降りていく。二〇分程降りたところで道が左右に分岐。ほぼ真っ直ぐの道と少し左に入る道の二つだ。さてどちらに行くべきか？　暫し考えた。私の出した結論。「両方ともダメ。ここまでの道自体が間違っている！」。なぜか？　巡礼路の分岐点では通常、「モホン」（道標）があり、行くべき方向を示してくれる。が、ここにはそれが無い。ということは今まで降りてきた道が間違っているということだ。

やむなく来た坂道を上る。上りは二五分かかった。

ここがその分岐点。さてどちらの道が「正解」か？

往復四五分のロスだった。先ほどの村に戻ると二人の男性巡礼が私の姿を見て、「えっ、そっちに行ったの。道はこっちだよ」という表情。よく見ると頭上には大きく左方向に矢印。私はこれを見逃し右へ行ってしまったのだ。「急がず、絶えず道標をチェック」。この原則を忘れていた。

南米のオジサン巡礼達と盛り上がる

一時過ぎ、フィロバルのバルで昼食休憩。メニューにハムエッグを発見。今回の巡礼中絶えずこれを食べたいと思っていた。日中、私は殆ど食事を摂らないので毎日飢餓状態。いつも脳裏に浮かぶのは好物のハムエッグだ。どこでもありそうなものだが、これが意外と無い。そうなると余計食べたくなるのが人情だ。ずっと探していたが漸く発見。

料理が出来るまで席で待っていると、別の席の男性二人が「よかったら一緒に食事をしないか」と誘ってくれた。先ほど分岐点で出会った二人だった。お言葉に甘えて同席をさせて貰う。お互い自己紹介。私は例の名刺を渡す。一人はファンさん。アルゼンチンの出身で今はバレンシアで骨董家具の販売をしているという。もう一人はホセさん。ヴェネズエラの人。元プロボクサー！　大分太り気味。二人とも五〇代位で気のいいオジサン。ファンさんは英語がＯＫ。がホセさんはスペイン語のみ。二人とも今回が、初めての巡礼という。

話題はまずワールドカップ・サッカー。「今日からワールドカップが始まった。でも今年のアルゼンチンは今一つだね」とファンさん。「どうして？」と訊くと、「個々の選手の力はまずまずだがチーム力が弱いね」と言う。数週間前のベルギーの人もそうだったが、どの国も自国チームには厳しい。「ヴェネズエラは？」「今年は出ていない。ヴェネズエラではサッカー人気はいま一つ。野球の方が遥かに人気がある。カリブ海諸国の多くは皆そうだ」「なるほど。確かに日本でもヴェネズエラ出身の野球選手は結構いるようだ」。色々勉強になる。

話しているうちに私が注文した料理が到着。彼らは「ボナペティ」と言ってくれた。お礼を言う。ファンさんは、「ボナペティは日本語で何と言うの？」と訊く。「ウーン。どうぞ召し上がれかな」と私。「ＤＯＵ－ＺＯ－ＭＥＳＩ－ＡＧＡ－ＲＥ？」とファンさん。手帳にローマ字で書き、復唱。そうそう。グッド。三人で「アッハッハ！」。色々な人と積極的に話の機会を作ろうとする彼の姿勢が印象的だった。

彼らと別れ、牛の放牧地を通る。空は真っ青。牛たちがノンビリと草を食む。とても平和な風景。道はラミルの集落跡に入る。幹の直径が八メートルというトチノキがあった。説明ボードによれば、目の前の古い建物は嘗てサモス修道院が農民から税金として穀物を徴収した際の倉庫跡。古い歴史遺産が持

アルゼンチン出身のファン・カルロス・アグッチィさん（中央）とヴェネズエラのホセ・フランシスコ・サレドさん

つ独特な雰囲気があった。

三時前、トリアカステラの宿に到着。街を外れの小高い丘にある瀟洒な建物だった。チェック・イン。少しスペイン語で話す。「スペイン語がお上手ね」とマダム。いえいえお上手なのはマダムのお世辞の方でしょう。洗濯等を済ませ街の薬局へ。女性スタッフは親切に相談に乗ってくれた。テーピング用のテープを購入。両足の指にしっかりテーピングをしているため結構速く無くなる。二種類で約五ユーロ（約六五〇円）。

その後バルで休憩中に京子さんからメール。今晩、このバルで夕食を一緒にすることにした。七時過ぎから夕食開始、チリのパウリーナさんも一緒だ。パウリーナさんは小児科医！　ワインをガンガン飲んでいる京子さんの健康を盛んに気遣っていた。パウリーナさんのリュックの重さは何と五キロしかないそうだ。驚異的な軽さだ。

話題はお薦めのチリ料理のこと等。彼女曰く、「チリにも日本料理店が増えているが、『これが本当に日本料理なの？』と思ってしまう店が多い」。確かに。私も欧州各地の、いわゆる「日本料理店」で同じような印象を抱いていた。夕暮れの爽やかな風が心地よかった。

その後、宿に戻る。昨晩遅くの発信で小西さんからメール。「一四日午後の便でマドリッドに行き、翌一五日の直行便で日本に帰国する予定。お世話になりました」とのこと。彼らも帰ってしまうのか。思えば小西、久山の両氏に出会ったのは一カ月近く前の先月一六日。パリ・シャルルドゴール空港のバス乗り場だった。一人旅で心細かった私には、彼らと知り合えたのはとても心強かった。彼らには感謝の念で一杯だ。

さて今日の教訓。「外国の人と話す機会があれば積極的に活用すること。その方が旅が楽しくなる」。色々な人に積極的に話しかけているファンさんを見てそう思った。この教訓はパウリーナさんとの食事で早速活きた。

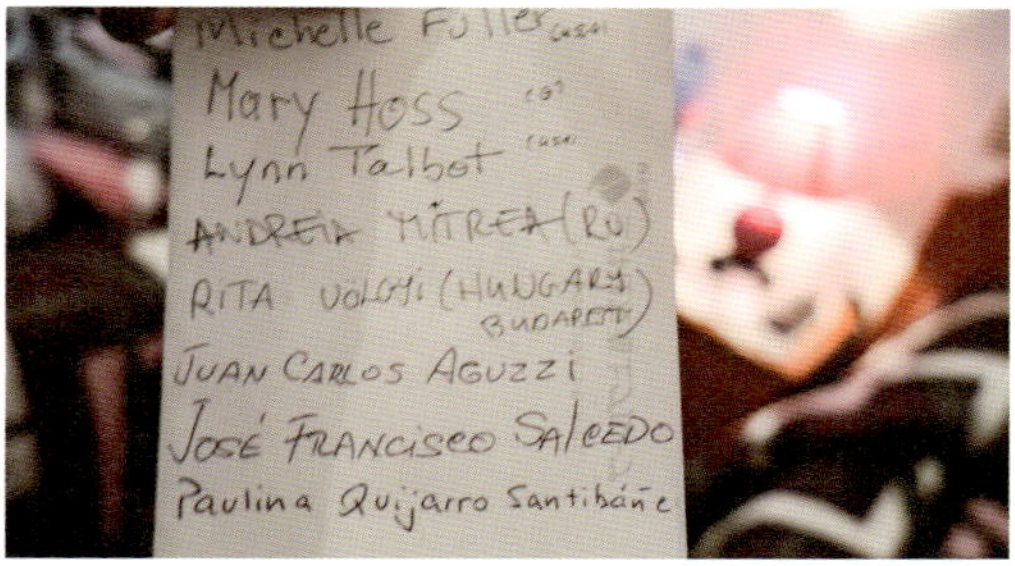

記名帳に名前を書いてくれる人が更に増えている

●今日の宿
Casa Rural Olga
35ユーロ
（約4,500円）

巡礼二九日目

トリアカステラからサリアへ夕食時はワイワイガヤガヤ

6月15日（金）　歩行距離17・7キロ

懐かしい人と再会

朝六時起床。今日は今回の巡礼で初めて腕時計のバイブが振動するまで目が覚めず。巡礼も一カ月近く。巡礼生活に慣れてきたのか、或いは緊張感が薄れてきたのか。

宿の出発は七時過ぎ。ここトリアカステラから次の宿泊地サリアに行くには二つのルートがある。一つは南側の道でサモス経由、川と国道に沿って行く。もう一つは北側の道でリオカボ峠経由の山道だ。サモス経由の方が七キロ程長い。チリのパウリーナさんは京子さんに「サモスには修道院があり必見よ」と盛んにアドバイス。私は山道の方が好きなので後者を選択した。

街を出て暫く歩くと道は徐々に上り坂に。両側は深い緑。左手には谷を隔てて小高い山々が続く。朝早いので空気は澄み、鳥のさえずりもにぎやかだ。途中に古い集落があった。ア・バルサか。建物は今にも崩れ落ちそう。狭い道には一応板状の石が敷いてある。が、人影は全く見えない。道の真ん中に犬がノンビリと寝そべり、その隣を鶏が闊歩する。ここだけ時間が止まっている。

宿を出て一時間ほど坂を上ると、左手の山並みの間に雲海が見えてきた。白い真綿のようだ。雲海はいつ見ても飽きない。正に「天上」の景色だ。この辺りがリオカボ峠。標高は九一〇メートルとさほど高くはないが、眺望絶佳。暫し我を忘れて見とれる。

途中古い集落。ア・バルサか

暫くして林道の脇にカフェの広告。「この先五〇メートル」とある。良かった、ここで休憩しよう。が、よく見るとその左下に「CERRADO」(閉店中)の表示。却って空腹感が増幅した。今日は朝のバナナ一本以外何も食べていない。途中、道を塞ぐような牛の集団。道には彼らの「落とし物」多数。歩くペースもがっくり落ちた。

一〇時二〇分、フレラのカフェに到着。ヤレヤレ。ここで誰かが、"Hi, TAKA-SAN!" ニューヨークの「白髭」のシャルルさんだ。彼と再会するのは二週間ぶりか。本当に久しぶり。もう会えないかと思っていた。ヤアヤアと彼と固い握手。「元気だった?」「ええ元気でしたよ。貴方は?」「私もだよ」と暫し歓談。別れ際に「あと残り一二〇キロ程。どこかでまた会おう!」と再び固い握手。本当に嬉しかった。その後、このバルで軽く朝食を摂った。少し落ち着く。

雲海はいつ見ても飽きない。正に「天上」の景色だ

政治談議等に花が咲く

正午。サリアの入口にあるアルベルゲ「ペドラ」に到着。受付の女性はアフリカ系の気さくな人。ご主人と一緒に写った写真を示し、「毎年、ホセとセネガルへヘルプに行っているの」とのこと。私も三〇数年前、コンゴで開催された国際機関の総会に政府代表団の一員として出席した。そんな話をしていたらホセさんが現れた。彼は中々ハンサムで気さくな人。このアルベルゲを運営しながらアフリカへ支援を行っている。彼によれば「多くの国で本当に貧しい人達が大勢いる、何とか彼らを支援したいが中々難しい」とのことだった。

その後、受付で夕食を予約。ついでにホセさんに、「今、何か食べることは出来る?」と訊く。既に一時半過ぎ。空腹だった。ホセさん「何か希望は?」「出来ればハムエッグと生ビールを」「OK」。「ついでに、出来ればあの芝生の庭のパラソル

この辺りでは牛が主役

の下で……」「OK」。ホント？

パラソルの下で待つこと二〇分。そこに現れたのはハムエッグと生ビール等を恭しく捧げ持ってきたホセさん夫妻。ホントに持ってきてくれたの！　慌てて直立して彼らを迎え、「ムーチャス・グラシアス」。彼らの厚意には本当に感謝。青空の下の食事は快適かつ美味だった。

夕方、再び庭のパラソルでくつろぐ。先ほどのパラソルには既に中年女性が一人。「良かったらこちらにどうぞ」と言ってくれたのでそちらへ移動。彼女はイタリア・トリノ出身の人だった。「ここから一〇〇キロ程手前のフォンセバドンから巡礼を始めたの。左足を痛めている」とかで、足を椅子の上に投げ出していた。英語はあまり喋れない。ワールドカップ・サッカーの話を振ったが、今一つ反応薄。そうだ、思い出した。今年、イタリアは予選で敗退した筈。失礼しました、余計なことを言って。

夕食はアルベルゲの宿泊者四人と一つのテーブルで。米国人男性（ルイスさん）とオランダ人女性（ティーナさん）のカップル、それに英国人女性（ナオミさん）と先ほどのイタリア人女性（ア

サリアの宿での夕食風景。談論風発

レッサンドラさん)。いずれも五〇代前後か。ホセさんも加わってガヤガヤ。

まずスペイン巡礼等について。ここサリアは巡礼最終地点のサンティアゴ・デ・コンポステラ迄の距離が一〇〇キロ余り。従ってここから歩き始めてサンティアゴまで歩けば、「巡礼証明書」(コンポステラ)が貰える。「明日からは巡礼の数がどっと増えるわよ」とティーナさん。

途中、ホセさんが持ってきたのは何と日本の四国八十八か所遍路の「納経帳」(ご朱印帳)。赤い和綴じの正真正銘のもののようだ。訊けば四国遍路とサンティアゴ巡礼の関係強化運動に少し携わっている縁で貰ったとのこと。他の四人は興味深そうに手に取っていた。

話は欧米の政治へ移る。米国のルイスさんは最近の主要国の政治情勢にかなり強い不満。「スペインの内閣が突如崩壊してしまった。イタリアの新内閣は漸く誕生したが政治情勢はまだ不安定。米国のトランプは言うに及ばず、どこの国のリーダーもどうしようもないやつばかりだ!」。結構激しい。

私が「えっ、スペインの内閣は崩壊したの?」と訊くと「知らないの? 二週間前に首相の不信任案が可決されたんだよ。馬鹿々々しい理由で」。知らなかった。巡礼に来て以来、ニュース、特に国際政治の情報に疎くなっている。

その後、調べてみるとこの国の政治情勢はかなり混乱している(コラム10参照)。

二〇一六年一一月、国民党の第二次ラホイ政権が発足したが、元々少数与党で政権基盤は不安定。それに追い打ちをかけたのが、以前から底流していた与党幹部による、同国史上最大規模の汚職事件だ。この事件については去る五月二四日、与党幹部ら二九人に有罪判決が下った。

報道によれば彼らの懲役年数の合計は三五一年。罰金額の合計は一億五六〇万ユーロ（約一三七億円）。ラホイ首相は連座を免れたが、国民の反発は一段と強くなった。その結果、議会内で反対勢力が力を増し、これにカタルーニャ独立問題に絡んで同地域の地域政党等が同調。結局不信任案は可決された。が、その後発足した中道左派サンチェス政権も予算案が一度否決されるなど政権基盤は脆弱だ。傍目にはこの国の政治情勢はかなり危ういようにも見える。

が、この国の人々にはそれによる「影」のようなものは特に窺われない。巡礼で多くの街を歩いてきたが、少なくともデモ行進等は皆無だった。なぜだろう。

まずこの国の政治はバスクやカタルーニャの独立問題等に象徴されるように、元々、一定の不安定性を内包している。国民からすれば政治の混乱はさほど珍しいことではないのかもしれない。また、ラホイ前首相の努力もあって経済は比較的安定している。これら以上に大きいのは国民性かもしれない。各地で見た、昼間からバルでビール等を片手に長時間寛ぐ姿は、日本人とは異なった「ネアカ」的なカルチャーを感じさせる。「政治は政治。自分は自分」という感じか。巡礼は色々勉強になる。

夕食の最後の方でホセさんがふるまってくれたのは、チョコレートをベースにしたアルコール飲料。自家製だという。猛烈度数が高かった。今晩は熟睡だろう。

●今日の宿
Pension Albergue A Pedra
36 ユーロ（約 4,600 円）

コラム 10

スペインの政治・経済等のあらまし
―日本外務省資料及び各種報道等による―

1. 国の概要

（1） 面積：50.6 万㎢（日本の 1.3 倍）

（2） 人口：約 4,646 万人（2016 年 7 月現在）

（3） 名目 GDP（国内総生産）1 兆 3,139 億ドル（世界第 14 位。日本は 4 兆 8,721 億ドルで同第 3 位。2017 年）

2. 戦後の政治・経済情勢の推移

（1） フランコ独裁体制とその後の民主化・2 大政党制（1939 ～ 2004）

・フランコ総統の独裁体制（1939 ～ 75 年）が彼の死去により終結。遺言によりファン・カルロス 1 世が国王に即位。78 年に新憲法を制定し、立憲民主制に移行。82 年 NATO 加盟、86 年 EC 加盟。

・1977 年総選挙実施。これ以降、中道右派（PP・国民党）と中道左派（PSOE・社会労働者党）を中心とする 2 大政党制に移行。

（2） 社会労働者党政権と国民党ラホイ政権（2004 ～ 2018）

・2004 年社会労働者党が政権獲得。が、2008 年のリーマンショック後の経済悪化への対応が国民の支持を得られず、2011 年の総選挙で歴史的惨敗を喫す。代わって国民党が上下両院で過半数の議席を獲得。ラホイ政権が発足した。

・ラホイ政権は経済危機への対応を最優先課題と位置づけ、厳しい緊縮財政政策や不良債権処理等の構造改革政策を断行。こうした取り組みが奏功し実質 GDP は 2015 年以降年率 3％前後を維持。しかし失業率は 2013 ～ 15 年は 20％以上。2016 年以降は 20％を割っているが依然高水準。

（3） ラホイ政権の崩壊とサンチェス政権の誕生（2018 ～現在）

・ラホイ政権は経済政策面ではかなりの成果を挙げたが、2013 年与党国民党幹部による汚職事件が発覚。政権や 2 大政党に対する国民の不信感が高まった。2016 年 11 月に国民党の第二次ラホイ政権が発足したが少数与党のため議会運営が絶えず混乱。

・2018 年 5 月、与党幹部ら 29 人に汚職事件の有罪判決。ラホイ首相は連座を免れたが、世論の反発は一段と拡大。同年 6 月 1 日、下院はラホイ政権に対する不信任案を可決。7 年ぶりに政権が交代し社会労働者党のサンチェス書記長（46 歳）が首相に就任。

・ただ同政権は少数与党で政権基盤は弱い。事実、2018 年 7 月に政府が議会に提出した予算案は賛成少数で否決された（同年 9 月、左派政党ポデモスが賛成に回り予算案可決の方向）。

スペインの政治は今後も波乱含みのようだ。

巡礼三〇日目

サリアからポルトマリンへ若い人達の未来に幸いあれ

6月16日（土）　歩行距離23・7キロ

異様な集団と遭遇

六時五〇分、宿を出発。出だしの所でまた道に迷う。薄暗い朝はどうも苦手だ。方針を変更して近くのバルで朝食を摂ることにした。二〇分後出発。今度は丁度巡礼姿の人が目の前を通った。ここサリアは人口一万三五〇〇人で古くからの「巡礼の街」だ。

市内を流れるサリア川を渡って石の階段を上る。上り切ると、近くのカフェ・テラスで朝食中の二人の女性が「あらっ」。京子さんとパウリーナさんだった。訊けば昨日ここに着いたのは夕方六時近くとのこと。二人はサモス経由の筈。詳しい事情は聴かなかったが、まだ疲労の跡がありあり。取敢えず私が先行した。

サリアの街を出ると緑が増えた。霧が少し出ている。今日は土曜日で、し

ガリシア地方らしい緑溢れる巡礼路

何やら大勢の集団が……。大音響の音楽も聞こえる

かもここは「巡礼証明書」が貰える残り一〇〇キロ近辺だ。リュックサック姿の人が増えてきた。バルバデロのバルで休憩。村田さんに出会う。一日三〇キロのペースで来たが、足の古傷が少し痛むのでペースダウンをするとのこと。一日三〇キロは、短期間はともかくもこれを長く続けるのは厳しいだろう。特に我々シニアにとっては。

やがて前方を進むと、やや異様な集団を発見。多くが赤いTシャツ姿でその数四〇〜五〇人。何やら大音響の音楽をガチャガチャ響かせながら前を進んでいる。何かの宗教集団か？　得体が知れず。余り近づきたくないのだが、徐々に近づいてしまう。音の正体はCDラジカセで、若い人向けの音楽のようだ。若い男女が中心だが中年の男女もいる。いよいよ得体が知れない。

最後尾の人に「これは何のグループ？」と訊いてみた。彼は英語はあまり喋れないようだったが、辛うじて「スクール・アルコール」と言ったように聞こえた。「スクール・アルコール」？　アルコール中毒症の若い人を更生させる学校？　その後もこの集団とは抜きつ抜かれつ。途中、今度は集団の中ほどにいた中年の女性に尋ねた。すると「コレヒオ」とのこと。「COLEGIO」とは確か学校のこと。高校生の集団で彼女は教員らしい。小柄だが目が鋭く中々の迫力。私は小さい頃からこういうタイプの女性教員は苦手。それ以上は訊けなかった。

さて途中、民家の庭などに少し変わった建物が現れ始めた。高床式で高さ二〜三メートル、横幅は二〜数メートル。多くはレンガや石造りだ。これは「オレオ」という高床式倉庫だ。スペイン北部、特にここガリシア地方に多く、専らトウモロコシやジャガイモを貯蔵する。床が高くなっているのはネズミ等の被害を防ぐためで、「ネズミ返し」がついている場合が多い。なぜか屋根の上に十字架がある。ケルト系文化の影響を受けているという。道中、実に様々なオレオがあった。これを見ているだけでも結構楽しい。

先を行く。空は本当に真っ青で所々に白い雲。周囲は見渡す限りの緑。遠くには小高い頂きが続く。強烈な太陽光の下、木々の影が緑の草地にくっきりと映っている。これぞ「ガリシア」。

若い人達の未来に思いを馳せる

その先で高校生らしいリュック姿の二人の男の子に追いついた。訊くとバルセロナ近郊の高校生で一六歳。一週間をかけてサンティアゴ・デ・コンポステラまで歩くという。この季節はそういう行事が行われる時季らしい。日本の修学旅行のようなものか。先ほどの大集団もそうだったのだろう。二人はとても仲が良さそうで楽しそうだった。私と話す態度もきちんとしていた。彼らの成長が楽しみだ。彼らにとってこの巡礼行は忘れ難いものになるに違いない。

「残り一〇〇キロ」のモホン（道標）に到着。確か昨秋の巡礼ツアーではこのモホンは無かったような？　距離の再測定が時折行われ、その度にモホンが更新されるという話を聞いたことがある。このモホンの前には若い巡礼のカップルが一組。固く抱擁している。女性の方は泣いている。訊けばこの二人はサン・ジャン・ピエ・ド・ポーから巡礼を開始したという。ここまでどんなことがこの二人にあった

穀物倉庫の「オレオ」

のだろう。そもそも何故この二人は巡礼に出たのか。ここまで感激するということはきっと他の人には窺い知れない事情があったのだろう。固く抱擁する二人の姿はとても感動的だった。二人の未来に幸いあれ。

その後も街道はとても爽やか。真っ青な空とどこまでも続く緑。暫く行くと石畳の十字路に出た。ここは昨秋の巡礼ツアーの際、後ろから来た日本人の女性と話をしたところだ。彼女は「わかなです」と名乗った。京都から来たという二〇代後半の人。一人で巡礼に来ており、サン・ジャン・ピエ・ド・ポー出発以来今日が大体三〇日と言っていた。リュック姿がよく似合う、とても清々しい女性だった。

「アルベルゲはどんな感じ？　連泊は出来る？　南京虫は？」等々短時間だったがこちらの質問に親切に答えてくれた。そして話が終わると再び風のように去っていった。「うーん、日本の若い女性は凄い」と思った。彼女の話は、当時漠然と「今度は一人で巡礼に出てみようか」と思っていた私には大きな刺激となった。その意味で、この場所は私には忘れがたい場所だった。

正午過ぎ、下り坂の遥か向こうにポルトマリンの街が見えてきた。引き続き快晴。気温もかなり高くなってきた。が、かなり乾燥している。

一時過ぎ、分岐点に着いた。左側の道と右側の道。案内板によると左の道が「メインルート」。右の道が「代替ルート」。昨秋は同行の岡崎の人と左の道を下った。が、道の両側は古い遺構のような壁となり、道幅も極端に狭くなった。しかも勾配は急。降りるのにかなり苦労した。今回は迷わず、右の道を選んだ。

一時半過ぎ、ポルトマリンに架かる橋の前に来た。満々と水をたたえる湖が美しい。湖面を見ながら橋を渡ろうとした途端、大きくつまずいた。数センチの段差があることを見逃していたようだ。右手をついて何とか体勢を維持したが、右手人差し指は皮が大きく剝け、かなり出血。慌ててバンドエイドで応急措置を施した。ヤレヤレ。もう少しで「顔面制動」となるところだった。目的地間近ということで気が緩んでいたのかも。「要注意」と自分に言い聞かせた。

橋を渡り切った。有名な階段の前で暫く休憩。ここは昨秋の巡礼ツアーの際、マドリッド在住のスペイン人の青年と、当時大きな政治問題となっていた「カタルーニャ独立問題」(コラム11参照)について意見を訊いたところだ。彼は「カタルーニャの独立はあり得ないと思うが、何とか平和的に解決して

青空と白い雲。そしてどこまでも続く緑の草原

「残り 100.000 キロ」の道標

ほしい」と言っていた。あれから半年近く。独立運動を強引に抑えようとしていた国民党ラホイ政権は崩壊した。この問題は今後どうなるのだろうか。

午後二時、今日の宿の「カソーナ・ダ・ポンテ」に到着。近代的なホテルで部屋からは湖がよく見える。ここポルトマリンはローマ人によって紀元二世紀にミーニョ川に作られた最初の港だという。その後幾多の変遷を経て、ダム建設によって周辺が水没することとなり、新しい橋と新市街が建設された。その時、新市街に移築されたのが十二世紀建立のサン・ニコラス教会だ。坂道の正面にこの教会が見えた。広場前を歩いていると、

ポルトマリンの人造湖に架かる橋

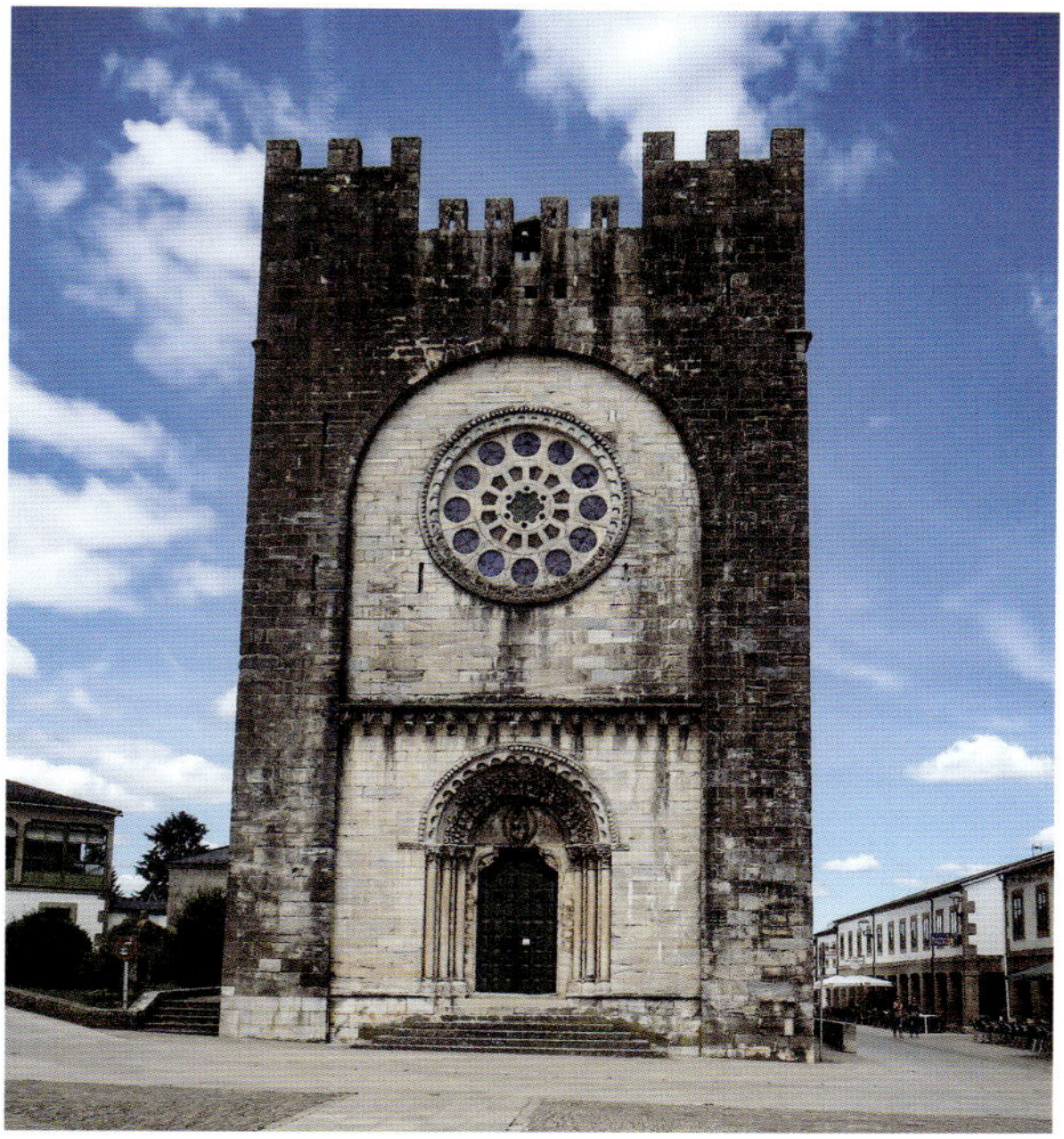
ポルトマリンのサン・ニコラス教会。水没を回避するため高台に移築された

バルの屋外テラスの人から、“Hay! TOKYO!”と声を掛けられた。アルゼンチン人のファンさんとヴェネズエラ人のホセさんだった。しばし歓談の後、「ブエン・カミーノ」。

夕食は宿の近くのレストラン「オ・ミラドール」で。高台にあり湖がよく見える。この街は巡礼の中継地としても有名だが、ダム化で湖が出来てからはリゾート地としても脚光を浴びているようだ。冷えた白ワインとガリシア名物「プルポ・ア・ラ・ガジェーガ」（タコのガリシア風）は中々味があった。

さて今日は巡礼出発以来ちょうど三〇日目。ここポルトマリンから最終目的地サンティアゴ・デ・コンポステラまでは九五キロ。一日平均二五キロ歩くとすると残りはあと四日。今日が六月一六日ということは今月二〇日（水）にはサンティアゴ・デ・コンポステラに到着することになる。この四日間はとても貴重だ。しっかり歩こう。

●今日の宿
Casona da Ponte
60ユーロ
（約7,800円）

コラム 11

カタルーニャ独立問題

歴史的経緯

元々スペインは縦横に走る山脈や渓谷で分断され地域間の交流は乏しく、各地にそれぞれ固有の文化・伝統や言語が発達した。

現在のスペインは 1469 年のカスティージャ王国（半島中西部）の王女イサベルとアラゴン王国（同北東部）の王子フェルナンドとの結婚に実質的起源があるが、上記の事情から統一国家としての意識は比較的乏しかった。地域の独自性との調和を図るため、現在 17 の自治州がありかなり広範な自治権を認められている。

独立問題激化の背景

上記自治権付与で国内政治は比較的安定していた。しかし暫く前から以下のような点を背景に独立問題が表面化している。

①自治憲章改正問題

2003 年のカタルーニャ州議会選挙では自治憲章改正を公約に掲げた左派 3 党が勝利し 3 党連立政権が発足した。翌 2004 年中央政界でも社会労働者党が勝利しサパテーロ政権が発足。同政権は地域ナショナリストとの関係改善の観点から憲章改正を容認する姿勢であった。同政権の後押しもあり州政府は憲章改正の手続きを進め、州議会や国会での審議、住民投票等所定の手続きを経て 2006 年、改正自治憲章が成立した。ところが当時野党であった国民党はこの改正に一貫して反対の姿勢をとり憲法裁判所に違憲立法審査を請求。2014 年、同裁判所は最終的に改正部分の 14 か所が違憲であるとの判断を下した。合法的に成立した自治憲章が否定され、また 2011 年にこの問題に厳しい姿勢を取る国民党ラホイ政権が成立したことも加わって独立の機運は更に高まった。

②リーマンショック後の不況

2008 年のリーマンショック後の不況は反政府の機運を一段と強めた。不況により州財政は著しく悪化したため、州政府は中央政府に財政支援と州内で徴税した国税を州財政に組み込める権限を州政府に付与することを要請。しかしラホイ政権は前者は容認したものの、後者は拒否した。カタルーニャは経済的に豊かで、この地域では支払う国税よりも中央政府から受け取る財政支出の方が少ないという従来からの不満が一段と増幅した。

最近の動き

2017 年 6 月、ラホイ政権崩壊（コラム 10 参照）を受けて成立した社会労働者党のサンチェス首相は基本的にはカタルーニャ独立に反対の姿勢。が、同党が提出したラホイ政権不信任案採決の際、カタルーニャ独立派の支持を受けて辛うじてこれが可決された経緯もあり、州政府側への何らかの譲歩を余儀なくされるとの観測も根強い。

巡礼三一日目　6月17日（日）　歩行距離24・6キロ

ポルトマリンからパラス・デ・レイへ　日本の若者たちと語り合う

緑のガリシアを歩く

六時三〇分、宿を出発。日の出前ということで外は暗い。湖にかかる橋の街灯がぼんやりと浮かぶ。七時二〇分頃、右手の林間から朝日が昇る。今日も良い天気になりそうだ。ガリシア地方特有の緑溢れる道が続く。この景色ももう少しで見納めだ。

ゴンサールのカフェで朝食休憩。店内でアルゼンチン出身のファンさんとバッタリ。「ホセさんは？」と訊くと、「彼は体重が重すぎるのでゆっくり歩いている」とのこと。マイペースは重要だ。同席の女性はヴェネズエラの若い女性で小さな自転車で巡礼を行っているという。その後の上り坂で彼女が苦戦する姿を見た。

九時半頃、カストロマイヨール付近の丘陵を歩く。どこまでも続く青空と掃いたような白い雲。やが

左側の男性の右腕は隣の女性の左腕にしっかり組まれている

ミモザだろうか

て前方に腕を組んで歩く中年のカップル。仲が良いね、と思ったが、どうもそういうことではないらしい。男性の方は視力等に障害のある人かも。隣の女性が彼を労わっているような感じだ。巡礼には実に様々な人々が来ている。車いすの人、かなり高齢の人、幼い子連れのカップル、そして親友の死を悼むために歩く人、自分の気持ちを整理するために来た人……。様々な人々が、それぞれの想いを胸に歩く。それが巡礼。

途中のバルで小休止。隣に本当に小さなチャペルがあった。カペーラ・デ・マグダレーナだ。昨秋は閉まっていたが、今日は開いている。中には堂守だろうか、やや怖そうな男性が一人。列をなす巡礼達に大きな声で何か言いながらセージョを押している。その声がやや威圧的だったのでセージョは遠慮し外へ出る。

やがて非常に狭く石ころだらけの坂を上る。昔の洗濯場の跡あり。快晴。畑地など緑豊かなガリシアの風景が続く。ポルトスのバルの庭には巨大な「アリ」のオブジェ。昨秋は休業に入っていたが、今日は大盛況だ。

一時少し前、パラス・デ・レイの少し手前にある、広々とした芝生の庭の奥に平屋建ての建物が見えてきた。今日の宿の「コンプレッホ・ラ・カバーニャ」だ。ここは昨秋も宿泊した。懐かしい。このホテルは緑の自然がふんだんに活かされており、私の「お気に入り」。

シャワー等の後、部屋の窓際で洗濯物を干していると、陽光の下、広々とした芝生の奥の方ではパーティだろうか、木陰で三〇~四〇人の男女が談笑している。年齢等は様々。小さなドレス姿の女の子もいる。そう言えば今日は日曜日。親戚同士か、地域の集まりなのか、実に楽しそう。いいなあ。「生活の潤い」のようなものが溢れている。

日本の若者たちと語り合う

夕食はパラス・デ・レイの街まで一〇分程行き、「メゾン・ア・フォルシャ」で。ここは巡礼が多く立ち寄ることで有名だ。案内をして貰って奥に入ると、日本人らしき若い男女が一組。男性は見覚えがある。巡礼の最初の方のロス・アルコスの先のバルで小西さん達と一緒にいた青年だ。名前は確か高井さん。

「やあどうも久しぶり。ワタナベです」と名乗っても彼はキョトン。暫くして突然気付いたのか、「え！ あのワタナベさんですか?」「ええ、そうです」「失礼しました。余りにも顔つきが変わっていたので。五～六キロ痩せたんじゃないですか」。そんなに痩せたかなあ。確かにズボンはかなり緩くなっている。ベルトの穴にして二つ～三つ。ゆるゆるだ。彼とは約三週間ぶり。巡礼出発以来髭を剃っていないこともあって、野人（？）のように映ったのかもしれない。

若い女性は春野さんという二〇代の元看護師さん。彼らのテーブルに同席をさせて貰う。この店の名物「エビのアヒージョ」にトライ。熱々でとても美味かった。

春野さんが南仏のサン・ジャン・ピエ・ド・ポーを出発したのは五月二〇日という。今日は六月一七日。ということは今日が二九日目。ここまでの距離が約七一〇キロ。一日平均約二五キロということになる。かなり驚異的なペースだ。特に彼女のような小柄の女性にしては。あの健脚の村田さんも今日はこの街の付近にいるだろうが、彼が出発したのは私と同じ五月一八日。彼女の出発はその二日後だ。もっともその彼女も「さすがに疲れたので、サンティアゴ・デ・コンポステラに着いたら近くのオウレンセの温泉に行きます」とのこと。

話題はアルベルゲ談義に。

（春野さん）「サン・ジャン・ピエ・ド・ポーのアルベルゲで朝少し早く（といっても六時頃）起きて出発の準備をしたら、あとで同室の韓国系の人から睨まれた。ああいやだ、この先の巡礼も何か楽しくなさそう、と暗くなった（今はそうでもないが）。ある公営アルベルゲでは八〇人近い宿泊者に対しトイレは僅か二か所。朝はもの凄い争奪戦で大変だった。別の公営アルベルゲでは二段ベッドの上段に上がるハシゴが無かった！」

両側が緑に囲まれ歩き易い

ホテルの庭でのパーティー。地元の人達らしい。楽しそう

（私）「えっ、ではどうやって上へ上がるの？」

（春野さん）「（身振りを交え）こうやって両腕でえいっと！」

（私）「えー、ホント！」

（高井さん）「自分も最初のうちはストイックに公営アルベルゲに泊まっていたが、疲労が溜まったのでパンプローナではホテル泊。凄く楽だった。以来、公営ではなく民営アルベルゲ中心に、時折ホテルも使う。民営アルベルゲはオスピタレイロも親切な人が多く楽しかった。両者は五～六ユーロ（六五〇～七八〇円）の差だが、おカネは日本に帰ってからまた稼げばいい。今この時間を楽しもうと気持ちを切り替えたら随分楽になった」

（私）「同感。自分も当初はアルベルゲ中心の旅を考えていたが、ピレネーで膝を故障して以来、足の状況をみてホテルや電車を使った。残念という気持ちはあるが、考えてみると巡礼は一人一人が自分のやり方で行うもの。どのやり方がエラクて他はダメということは無いのでは」
（高井さん）「私もそう思います」
（春野さん）「あと、巡礼に来て思ったことが一つ。それは日本に居た時の自分の生活が如何に恵まれていたかということ。電車は頻繁に来るし、しかも非常に正確。近くにコンビニがあって深夜でも大概のものは買える。家でも母親が色々やってくれていた。こういうことは当たり前のように思っていたが、そうではないことに気が付いた。もっと感謝をしなければと思った」

確かにそうだ。日本で当たり前と思われていることが海外では必ずしもそうではない。交通等社会インフラや安全等々。また自分のことを考えても、日常生活の大半は家内に頼りっきり。洗濯一つ出来ない。アルベルゲで洗濯板を使いながら冷たい水で洗濯をする辛さ。幼い頃見た母親の姿を思い出す。「当たり前」に思ったことが実は多くの人に支えられている。

それにしても若い人は結構しっかりしている。日本では若い人に対する批判も時折聞くが、批判されるべきはむしろ自分も含めたシニア層かもしれない。巨額の財政赤字問題などは我々シニア層の責任ではないか。

彼らと別れてそんなことを考えながら帰路につく。何と途中で道を間違える。結局、行きの倍ぐらいの時間がかかり汗をかく。改めてシャワーと洗濯。が今晩の眠りは心地よいだろう。

●今日の宿
Complejo la Cabaña
40ユーロ（約5,200円）
朝食込み

巡礼三二日目 6月18日（月） 歩行距離26・3キロ

パラス・デ・レイからリバディィソ・デ・バイシャへ
「ガリシア風タコ」を堪能

名物に舌鼓

七時五〇分、宿を出発。パラス・デ・レイの街の入口の小さな教会に入る。老堂守が黙々と掃除をしていた。朝の爽やかな空気が堂内に漂う。セージョを押して貰う。外に出ると、近くの土産物屋では奥さんが店の前の掃除をしている。この店では昨年、巡礼の象徴である「ホタテの貝殻」を購入。今朝は「ブエン・カミーノ」と送ってくれた。嬉しい。

道の途中には「オレオ」が更に増えてきた。古いもの、新しいもの。どれも少しずつ異なっていて面白い。珍しい形のものが一つ。下半分は竹を編んだ円柱形で、上は三角の帽子を被せたような形。これがオレオの原型で、記念物として保存しているのだろう。

緑の木々に囲まれた道が続く。木々の種類が巡礼前半までのものとは明らかに違う。前半はどちらかと言えば針葉樹系の木々。一方、この辺りでは広葉樹系が多い。思い切り枝葉を広げ、それらが密接に絡み合っている。この辺りは雨が多いこととも関係しているのだろう。

途中、バルでトイレ休憩。背中に水色の小さなリュックを背負ったワンちゃん発見。飼い主と思しき女性に訊くと、「チョコ」という名前のオス犬。ドイツから来たという。わお！　凄いね。

その先のローマ橋を通過。昨秋の巡礼ツアーでは同行者の一人がこの橋の下を探検。戻ってくると「うーん。何というか、一種のおトイレかな」と。なるほど。確かに隠れて用を足すには絶好の場所かも、と納得した記憶がある。

フレロスのローマ橋がもうすぐという地点で、突如「リーン、リーン」という音。何かと思ったら、近くを歩いていたおじさんが慌てて携帯を取って話し始めた。巡礼に来てまで一体何を話しているのだろう。昨日の高井さんではないが、もっと「今の時間」を大切にしたらいいのに。人間、「今」という時間の貴重さを理解することは中々難しいのかもしれない。

一一時過ぎ、メリデの街に入る。この辺りはルーゴ県を離れア・コルーニャ県に入っている。街の手前でまたあの高校生の集団に遭遇。今日は緑色のTシャツ姿だ。

さて昼食には若干早いがここメリデは、ガリシア名物「プルポ・ア・ラ・ガジェーガ」(タコのガリシア風)で有名。ここでこれを食べない手はない。何軒か有名な店があるが、昨秋立ち寄った「GARNACHA」(ガルナッチャ)に行く。時間が早いので店内は空いている。店員の案内で席につく。迷わずその「タコ」とこれも昨年食べた「ピミエント・デ・パドロン」(しし唐のニンニクとオリーブオイル炒め)、それに生ビールと白ワイン等を注文。

待つこと十数分。来ました！　まず生ビールと白ワイン、それに「タコ」とフランスパン。白ワインは日本茶の茶碗にそっくりの入れもので出てきた。あれっ、フォークが無い。店員にその旨伝えると、「ここにある楊枝で」とのこと。思い出した。昨年もそうやって食べた。失礼しました。早速、楊枝でタコを「ぐい」とさして口にほおばる。パプリカがピリッと口内を刺激し、そこにタコの旨みが重なる。絶品！　一昨日もポルトマリンのレストランで夕食に食べたが、ここの方が格段に美味い。次に「しし唐のニンニクとオリーブオイル炒め」到着。かなり大きめのしし唐だ。オリーブオイルと岩塩でしっかりと炒めてある。これがまた美味い。白ワインとこれら二つが本当によく合う。いくらでも行けそう。

そこへひょっこり現れたのは村田さん。このところの好天で益々日焼けをしている。巡礼前半では

オレオの原型？

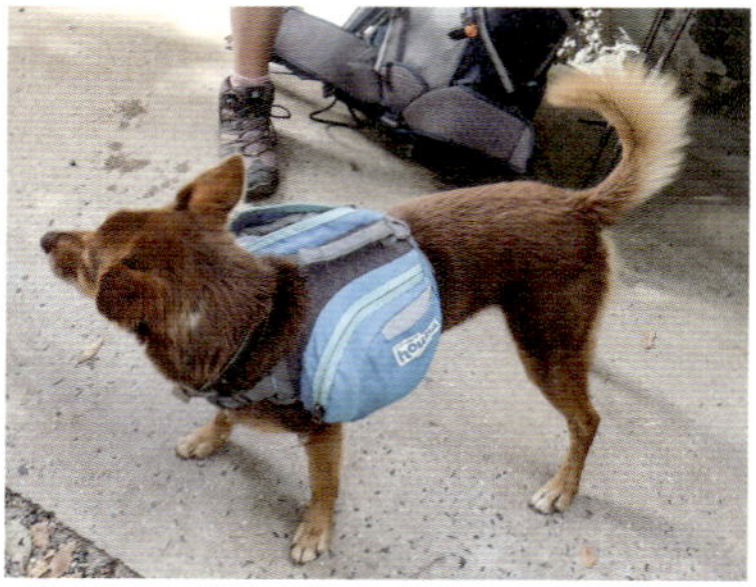

背中に水色の小さなリュックを背負ったワンちゃん発見。「チョコ」という名前のオス犬

フレロスのローマ橋。アルゼンチン出身のファンさんと再会

「寒い、寒い」を連発していたが、今は絶好調らしい。彼は今晩私が泊まるリバディソ・デ・バイシャから更に三キロ先のアルスーアまで行く予定という。この店の代金は合計二九ユーロ（約三八〇〇円）。久しぶりに昼食時に飲んだ白ワインのアルコールも手伝って気分は最高。

炎天下を黙々と歩く

街を抜けると巡礼路にはリュック姿の人が大勢歩いている。今日は快晴だし、サンティアゴ・デ・コンポステラまでは残すところ六〇キロ余り。正に「巡礼ラッシュ」だ。

街を抜けると右手に小さな教会があった。ここは昨秋の巡礼ツアーの際にも立ち寄った。今日は堂守さんが一人。セージョを押して貰う。私が日本人と分かると、「コンニチハ」と日本語で話しかけ一枚の紙を見せてくれた。

"BUENOS DIAS"等スペイン語の簡単な会話が左側に、そしてその日本語訳（「OJAYO－GOZAI－MAS

タコのガリシア風と「ピミエント・デ・パドロン」（しし唐のニンニクとオリーブオイル炒め）、実に美味かった

U」）がローマ字で右側に書いてある。一番上には「四国八十八箇所」という言葉が日本語とローマ字で書かれている。どうやら彼の求めに応じて日本人巡礼が翻訳したもののようだ。色々な人と交流を深めたい。彼のそういう気持ちがこちらにも伝わってきた。暫し歓談してここを後にした。

一時三〇分過ぎ、昨秋の巡礼ツアーの際、道を間違えた地点に到着した。あの時は私が先頭を歩いていたが、途中からモホン（道標）がパタッと無くなった。おかしいなと思っていると、後ろの方から誰かの声が。欧米系の男性が「こっちだ、こっちだ」と手招きをしている。それで自分が道を間違えたことに気付いた。進んでしまった距離は三〇〇～四〇〇メートル。今回はこの轍を踏むまいとしっかり確認。すると今度は、昨年入った分岐路に「進入禁止」の表示。やむなく指示に従って右の迂廻路を行く。これが結構遠回りでしかも上り坂。やっと昨年通った道に出たと思ったら、進入禁止の筈の道の出口からリュック姿の巡礼が何人か出てきた。ウソ！　先ほどの「進入禁止」の表示は一体何だったのか。太陽はほぼ真上からじりじりと脳天を焼く。影は黒々と、そして短い。昼間の白ワインも手伝って体がやや重い。赤いミニスカート姿の女性巡礼に簡単に追い越されてしまった。

三時過ぎ、谷底を流れるイソ川の流れとそこに架かる橋、そして幾つかの建物が見えた。ここが今日の宿泊予定地リバディソ・デ・バイシャだ。清らかな流れと橋、そして木立が作る木陰……。これらが見事にマッチしている。今日は快晴でその美しさが更に際立っている。川辺には石の階段があり川に降りることができる。昨年同様水量が少ないため階段が水面から浮き上がった形となっている。この階段で遊んでいたのは、何とあの緑シャツの高校生集団。彼らもここで泊まるのだろうか。

今日の宿は「ペンション・アルベルゲ・ロス・カミナンテス」。ここは昨秋の巡礼ツアーの際、アルベルゲ内部を見学させて貰った。今回はペンションの個室泊。洗濯物は芝生の庭の干場へ。庭の隅にはなぜかこ

ガリシア特有の緑深い巡礼路

三ニスカ姉さん。元気いっぱい

今晩泊まるリバディソ・デ・バイシャの集落

こにも「オレオ」があった。観光用か。その後、近くのバルの屋外テラスで休憩。周りのテーブルにはあの緑シャツ軍団の引率教職員が大勢いた。近くには白いワゴン車が停まっていた。「VILLACOR COLEGIO」の表示。この学校の名前が判明！　先日は、「VILLACOR」（ヴィラコール）を「アルコール」と聞き間違えたらしい。

このバルで夕食。風は強かったが心地よい。家内からのメールでは、今朝、大阪で大きな地震があったという。被害はどうなのだろうか。宿の部屋は西日が強く暑かったが何とか就寝。

●今日の宿
Pension Albergue
Los Caminantes
45 ユーロ（約 5,800 円）

巡礼三三日目

リバディソ・デ・バイシャからオ・ペドルーソへ若者達と「焼き肉大会」で語りあう！

6月19日（火）　歩行距離23・7キロ

墓碑は何を語りかけているのか

朝五時二〇分起床。巡礼も残すところ今日と明日の二日のみ。自然と心が引き締まる。出発は六時四〇分。外はまだ暗い。ここリバディソ・デ・バイシャは谷底の村。この先は上り坂の一本道だ。右手遥か彼方の黒々とした稜線の上が明るくなり始めている。夜明けはいつも感動的だ。

やがてアルスーアの街に入る。巡礼マスコットのシャコベオが出迎える。シャコベオ（XACOBEO）とはガリシア語でヤコブのこと。何年か前に巡礼マスコットとして発表されたが人気は今一つという。そうだろうね。この街は通りも広くアルベルゲも比較的多い。が、フツーの街だ。昨晩のリバディソの方が自然に囲まれ、ゆっくり休むには最適だと思う。

通り沿いのバルには大勢の巡礼の姿。私の後ろのグループは大声で話しなが

アルスーアのシャコベオ

ら歩いている。特に爺さんの野太い声。折角の朝の静寂が台無しだ。耳障りなのでペースを上げ距離を広げる。街を抜けると森に入った。右側の深い木々の間からは朝日がキラキラ。暫く行くと少し視界が開けた。そこだけが地面を這うような霧に覆われている。とても神秘的なシーンだった。

やがて道端の一本の木の根元の石積みの上に小さな石碑があった。碑面には「Miguel Rios Lamas」という名前と「一九六二・四・四～二〇一一・九・一〇」という年月日。そして一枚の写真と赤い一輪

宗教哲学問答集？

墓碑は私に何かを語りかけているようだった

の花。墓碑らしい。享年四九歳。まだ若い。巡礼の途中で亡くなったのか、或いは巡礼に想いを馳せながら亡くなったのか。今回の巡礼ではこうした墓碑を何度か見た。その都度、心の中で合掌。墓碑は私に何かを語りかけているようだった。

暫く行くとツタの絡まる赤茶色の壁に横一列で文言集が貼られていた。「真実は汝を解放するとイエスが言う。これをどう思うか」等々。主にキリスト教徒向けの問答のようだ。如何にも巡礼の道らしい。

九時前、カルサーダのバルで朝食休憩。昨秋、このバルには一匹の、足が不自由な犬がいた。前足が悪いようだ。びっこをひきながら懸命に歩いていた。その姿に深い感銘を受けた。この犬に比べると自分の生き方は何といい加減なことか……。今日はあの犬の姿はない。あの犬はどうしただろうか。

空は快晴。巡礼の姿も大勢見かける。中には猛烈なスピードで追い越していく男性もいた。あんなに急いで一体どうするのだろう。明日はもう終点だというのに。

この辺りは巡礼道のセンダと自動車道とが交差する地点が何か所かある。車はかなりの速度で飛ばしている。毎年、自動車事故で死傷する巡礼が少なくないという。十分注意して横断する。またミニスカお姉さんに追い越される。今日は赤ではなく黒いスカート。元気だねー。

昨秋、足の悪いワンちゃんと出会ったバル
あの犬はどうしているだろうか

国道と交差する分岐点。巡礼路での交通事故は結構多いようだ

焼き肉大会で語り合う

午後一時過ぎ、今日の宿のオ・ペドルーソの「ペンション9・デ・アブリル」に到着。ここはペンションという名前だがどちらかと言えばマンションの一部を宿泊者用に改装したという感じ。表のベルを押すとドアフォンが繋がり鍵をあけてくれた。

受付は四〇歳位の陽気な男性。近所のお薦めのレストランを紹介してくれた。彼にはサンティアゴ・デ・コンポステラのカテドラルでの「ボタフメイロ」（大香炉）の儀式（コラム12参照）がいつ行われるかについて尋ねた。すると「昨年までは年間一〇日余りの特定日以外も、ある程度曜日や時間が決まっていた。が、今年はカテドラルの大修理の関係で全く分からない」とのこと。次の特定日は七月二五日の聖ヤコブ祭。あと一カ月以上も先で到底待てない。昨秋はこの「ボタフメイロ」を目の前で見ることが出来、非常に感動した。さて今年はどうなるか。

シャワーなどを終え、室内のテレビでワールドカップ・サッカーの日本対コロンビア戦を観戦。時差が殆ど無いのが有難い。2対1で日本が勝利。サッカーファンの家内もさぞ喜んでいるだろう。

試合終了後、街に出てバルで生ビールを飲んで休憩。外のテラス席だったが今日はとにかく暑い。三〇度は優に超えているだろう。が、隣席ではおばちゃん達がずっとワアワアお喋り。このパワー、一体どこから来るのだろう。

夕食は街のレストランで。ここはペンションの受付で薦められたところだ。外の席には日本人らしい若者が三人。近づいてみると一人はパラス・デ・レイで一緒に夕食を摂った高井さん。他に三〇歳位の男性が一人。瑛太さん。実は彼のことは巡礼前半に大野さんから少し聞いていた。実際に会ってみると、中々生真面目そうな若者だ。残る一人は青井さんという二〇代後半位の女性。彼女のことも他の巡礼から聞いたことがある。巡礼の行程は大体同じ。このため「今、どういう人がこの近くを歩いているか」等の情報は巡礼仲間では結構共有されている。

彼らは既に夕食の真最中。ここは焼き肉が名物の店らしい。既に彼らはテーブル上のプレートで牛肉をガンガン焼いてモリモリ食べている。ワインの量も凄い。私も負けじとばかりに「五〇〇グラムコース」を注文。彼らは自分たちの分も私に勧めてくれる。

食事をしながら色々話す。実は高井さんは私の高校の後輩であることが判明。しかし年次は三〇年近く違う。私が高校生の頃は大学紛争真っ盛り。志望大学の入試も中止となった。が、そんな話をしても誰も知らない。考えてみればこれらは彼らが生まれる遥か前の話。知らないのは当然だ。が、ジェネレーション・ギャップを痛感。

そこから話は私が学生時代、一人で欧州を旅した話に。

「えー、スマホもインターネットも何もない時に一人でどうやって旅をしたんですか。私たちにはとっても無理」という反応。しかし私に言わせれば、何の見返りもないこの巡礼行に来て、毎日トボトボと歩く彼らも凄いと思う。

話は「なぜ巡礼に来たのか」。

（瑛太さん）「自分はドイツで勉強をしていたが、取敢えずそれが終わった。帰国して日本の会社に就職、というのが普通だろうが、それでいいのか悩んでいる」

（高井さん）「自分は大学卒業時に就職口があまりなく、結局パチンコ会社に就職。しかし次第に何のために働いているのかということが分からなくなった。今回巡礼に来たのも自分で色々考えてみようと思ったため」

（青井さん）「巡礼に来ている人には、結構真面目な人が多いと思う。けれど皆、真面目過ぎて自分を追い込んでしまう。自分もそうだけれど」

（高井さん）「確かに。でも、巡礼で歩いていると色々な人から様々な話が聞ける。何の役に立つか分からないが、少し違った観点から自分を見つめ直すヒントになるかも」

うーん、凄い。ホントに凄い。今の若い人は結構やるではないか。日本の将来にも少し期待が持てるかもしれない。

結局、私は五〇〇グラムプラスアルファの牛肉を平らげた。今晩はお腹も心も満腹。ぐっすり眠れそうだ。

●今日の宿
Pension 9 de Abril
45 ユーロ
（約 5,800 円）

コラム 12

「ボタフメイロ」とは何か

「ボタフメイロ」とは？

「ボタフメイロ」とはガリシア語で「煙を吐き出すもの」。特にミサの際、香料を焚くために用いられる「大香炉」を指す。サンティアゴ・デ・コンポステラのカテドラルの「ボタフメイロ」は世界最大級と言われ、このカテドラルの「巡礼のためのミサ」の最大の呼びものとして名高い。この大香炉から立ち上る煙は巡礼達の祈りが天まで届くようにという意味が込められているという。嘗ての巡礼は入浴の機会が乏しく、カテドラルの堂内は彼らの体臭が充満していたためこれを消す意味もあったと言われている。

「ボタフメイロ」の大きさ等

幾つかの文献等によれば大香炉は現在二つあり、一つは 1851 年にホセ・ロサダという人が制作した真鍮製のもの。もう一つはこれをベースに 1971 年にマドリッドの工房で作られた銀製のもの。カテドラルのホーム・ページによれば高さは 1.5 メートル、重さは 53 キロ。

「ボタフメイロ」はいつ見ることが出来るのか

「ボタフメイロ」の儀式が行われるのは、「公現祭」（1 月 6 日）、「使徒出現の日」（クラヴィッホの戦いで聖ヤコブが出現した日。5 月 23 日）、「聖ヤコブ殉教の日」（7 月 23 日）、「諸聖人の日」（11 月 1 日）、「クリスマス」（12 月 25 日）等年間 10 日余りの日だ。

以前はこれ以外に、金曜日の 19 時 30 分と日曜日の正午に行われることが多かったが、現在はカテドラル大修理のため日程は不明となっている。

なお、「ボタフメイロ」の儀式は、カテドラルの主祭壇で「巡礼のためのミサ」の最後に行われる。この「巡礼のためのミサ」が行われるのはカテドラルのホーム・ページによれば、平日は正午と 19 時 30 分の 2 回、土曜日はこれに朝 10 時と 18 時（但しガリシア語）の 2 回が加わった 4 回、日曜祝祭日は朝 10 時、正午、13 時 15 分、18 時、19 時 30 分の 5 回となっている。「どの日に行われるか」と同様、「どの回で」「ボタフメイロ」が行われるかは定かではない。本文中にもあるように、ある程度の金額の「寄付」が行われると「ボタフメイロ」が行われることが多いようだ。

巡礼三四日目　6月20日（水）　歩行距離20・1キロ

オ・ペドルーソから最終目的地サンティアゴ・デ・コンポステラへ。巡礼最終日！

自分の影を追うのも今日が最後

六時二〇分、宿を出発。

さあ今日は巡礼最終日。いよいよサンティアゴ・デ・コンポステラに到着だ。夜明け前とあって外はまだ暗い。オレンジ色の街路灯が点々と続く。今日も晴天か。

一〇分余りで道はユーカリの深い森に入った。当然街灯はない。巡礼最終日で初めて本当に真っ暗な道に遭遇した。愛用のキャノンのデジカメはコンパクトで使い易いが、ただ一つ欠点が。それは暗い場所を撮っても明るく映ってしまうことだ。撮った写真をチェックすると全然暗くない。が、実際は本当に真っ暗で不気味な感じ。後ろを歩く欧米系の女性も私にぴったりとついてくる。「この人と離れてはまずい」ということだろう。実は私もそうだ。

暫く行くと森の切れ目が次第に明るくなってきた。

七時一四分、遥か遠くの稜線の上から朝日が顔を出し始めた。巡礼最終日の日の出。神々しい。奇しくも今日は亡父の一九回目の命日だ。この日に私の巡礼が「満願」を迎えるのも何かの縁。朝日に亡父の冥福を祈った。

その後は緩やかな上り坂に入っていく。朝日を受けて自分の影が長く伸びている。思えば五月一八日のサン・ジャン・ピエ・ド・ポー出発以来三四日間、西へ向かう巡礼路でひたすらこの影を追い続けてきた。巡礼中、この影が唯一の友だった。スペインの大地でこれを見るのも今日が最後。そう思うとこの影がとてもいとおしい。

七時四五分、サンティアゴ・デ・コンポステラ空港の滑走路の紅白の誘導灯の横を通過。昨秋は、前日まであの季節には珍しく晴天が続いていたが、この辺りは土砂降りの雨だった。その折はその豪雨をむしろ「これぞ本当の巡礼体験」と歓迎したのを覚えている。あの時はツアー仲間の女性がレインウエアの上にポンチョを重ね着していた。「荷物はやや増えるがこのくらいの装備は必要かも」ということで今回ポンチョを持参。正解だった。

暫くして再び林の道に入った。巡礼の数も一段と多くなった。緩い上り坂を前の人に続く。左右に分かれる分岐点に来た。皆左側の道へ行くのでそれに続く。暫くすると前方を歩いていた一団が戻ってきた。どうやら道

夜明け前のオ・ペドルーソの巡礼路。林の中の道は本当に真っ暗だった

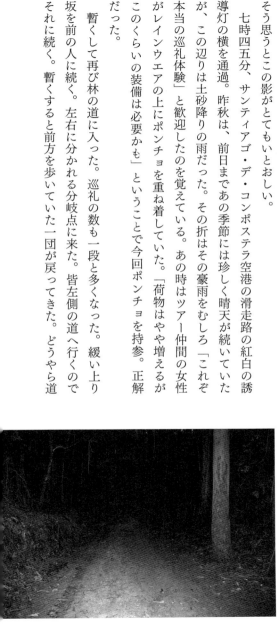

「影」を追い続けるのも今日が最後。名残惜しい

を間違えたらしい。皆、その一団の後ろについて右側の道へ。すると、後ろから来た別のグループが「こっちだ、こっちだ」と左側の道に入っていく。元の道が正解のようだ。皆、再びぞろぞろと左の道へ。最終日でも多くの巡礼が道を間違える。

一〇時一五分、ゴソの丘に到着。ここにはローマ法王ヨハネパウロII世訪問記念碑がある。近くの丘

ゴソの丘の有名な巡礼像。指さす彼方にはサンティアゴ・デ・コンポステラの大聖堂が

の上には二人の巡礼像がある。サンティアゴ・デ・コンポステラの街を指さしている。歓喜の声が聞こえるようだ。中世の巡礼は雨具や靴等の装備は極めて貧弱で、食べるものも乏しかっただろう。時には強盗や野犬に遭遇し、中には事故や病気で落命した者も多かったのではないか。そうした厳しい条件の下で八〇〇キロ近くを歩き終えた彼らの感激は如何ばかりか。昔日の巡礼の心情に思いを馳せる。

カテドラルに到着!

ここからカテドラルまでは六キロ余り。が、ここで道に迷う。昨秋歩いた道は本来の巡礼路とは違っていたようだ。約一〇分後、漸く本来の道に戻った。今回の巡礼は最後まで道に迷う。高速道路を跨いで市内へ。カテドラルまでは結構な距離がある。おまけに今日は快晴で気温も高い。街路樹の影を探しながら歩く。中

ついにサンティアゴ・デ・コンポステラの大聖堂に到着

世風の建物が増えてきた。

一一時五〇分、セルバンテス広場を抜け、カテドラル北側のインマクラダ広場に出る。石畳の緩い下り坂を更に進んで建物の下の階段へ。若い男性がバグパイプのような楽器（ガイタ）を奏でていた。その賑やかな音を聴きながら次の階段を下ると広場に出た。オブラドイロ広場だ。正面にはカテドラル。ついにサンティアゴ・デ・コンポステラのカテドラルに到着！　丁度正午だった。広場にはカテドラルの前で記念撮影する観光客らしい人達はいるが、巡礼姿は意外と少なかった。

現在の心境はと言えば、「やっとこの長旅も終わる」という気持ちと、他方では「もう終わってしまうのか」という気持ち。両者が複雑に入り混じった心境だ。

前者は長旅の疲れから来るものだろう。日本出発以来、今日で三六日目。さすがに疲れは溜まっている。ホームシックという訳ではないが日本の生活も少し懐かしい。が、その日本の生活はと言えば、過密状態の街並みとそこに渦巻く喧噪だ。

それに比べこの巡礼行では日々素晴らしい自然が溢れ、新しい友人との出会いもあった。こうした日々は非常に刺激的で、これらは「自分が生きている」ということを改めて実感させてくれた。それが後者の気持ちだ。今は両方の気持ちが入り混じっている。が、いずれ時間が経つにつれ後者の気持ちが強くなるのかもしれない。

さて、このカテドラル（一〇五〇年着工、一二一一年完工。一九八五年世界遺産登録）を見るのは昨年一一月以来、約七か月ぶりだ。修復工事の青いシートは大分減っている。このカテドラルを最初に見たのは今から三〇数年前。パリ在勤中に家族でこの先の海辺のリゾートホテルに行く途中だった。当時このカテドラルは荒廃が甚だしく、薄汚れた外壁の至る所に緑のぺんぺん草が生えていた。今ほど巡礼が盛んではなく、修理費用も乏しかったのだろう。

広場を離れ一二時二〇分過ぎ、街の南にある、今晩の宿の「アルベルゲ・セミナリオ・メノール」に到着。このアルベルゲは名前の通り元は「幼年神学校」。「巡礼最後の日の記念に」ということでここを選んだ。門や建物は重厚だ。ここは伝統ある施設だがブッキング・ドット・コムでも予約が出来、しかも個室が一七ユーロで泊まれる。受付のスタッフは明るく親切だった。個室は三階で室内はベッドと洗面それに物入れのみ。ベッドの頭上には十字架が架けられておりとても清楚。建物に囲まれた内庭は簡素だがきちんと手入れがしてある。窓からは遠くに街並みが見える。

シャワー等を終え市内に戻る。オブラドイロ広場西側の階段を降り巡礼事務所へ。巡礼証明書を貰おうと思ったが長蛇の列。昨秋より大分長い。ここで昨夕の瑛太さんとバッタリ。彼は午前中にカテドラルに着き、正午からの「ボタフメイロ」を見たという。残念、今日は「ボタフメイロ」があったのか。広場に巡礼が少なかったのはそのためか。もう少し早く宿を出ていれば……。しかし帰路につくまでまだ機会はある。

「巡礼証明書」は後回しにしてカテドラルに行く。内部の主祭壇の裏手の階段を上り聖ヤコブ像の後に回る。そして像を抱擁。昨年経験済みだが聖ヤコブと一体になれるような不思議な体験だ。遅めの昼食後、改めて巡礼事務所へ。夕方近くということもあり待ち時間は二五分で済んだ。受付のスタッフが祝福の握手をしてくれた。「巡礼証明書」を貰うのは昨秋に続き二度目だが、さすがに今回の方が感慨深い。

サンティアゴ・デ・コンポステラのカテドラルの内部。正面に「大香炉」が吊り下げられている

夕食は昨秋立ち寄ったガリシア料理専門店の「メソン・ア・チャルカ」で。ムール貝やホタテ貝等を肴に白ワインで「巡礼終了」の乾杯。美味かった！

さて今後の予定をどうするか。実はサンティアゴ・デ・コンポステラからパリに戻る便は六月二五日（月）の便を予約済みだ。日本出発の際、巡礼中のアクシデント等に備え余裕をもって帰りの日程を組んだのだ（更に保険として六月二九日〈金〉の便も予約）。あと五日ある。巡礼終了後、比較的多くの人はここから更に先の海岸沿いのフィステーラやムシアに行くようだ。ただ、何となくその地には行く気がしない。理由は分からない。今の心境としては、静かな海辺のホテルで一人、海を眺めながらゆっくりしたい。ということで明日はここから北へ七〇キロ先のア・コルーニャに行くこととした。

「アルベルゲ・セミナリオ・メノール」の個室内。いかにも元神学校らしい佇まい。

●今日の宿
Albergue Seminario Menor
17ユーロ（約2,200円）

巡礼終了翌日（滞在初日）６月21日（木）

ア・コルーニャへ
大西洋を臨む絶景で暫し心身を癒す

朝七時四〇分頃、鉄道駅に到着。外見はやや古いが内部は意外と近代的。窓口で切符を購入。ア・コルーニャまでは片道七・三五ユーロ（約九六〇円）。ホームに出るために地下通路を行くと手荷物検査場があった。そこには空港のように、手荷物を検査する装置があり厳戒態勢という感じだ。スペインでは二〇〇四年三月にマドリッドのアトーチャ駅等数か所で列車爆破事件が起き一九一人が死亡、二千人近くが負傷。最近はバルセロナでもテロ事件が発生した。スペインに限らず欧州は絶えずテロの脅威に晒されている。

列車は定刻の八時三五分に発車、約三〇分後にア・コルーニャのサン・クリストバル駅に到着した。ここア・コルーニャは大西洋に面する重要な港湾都市としてローマ時代から栄え、現在は人口約二五万人。ガリシア州のア・コルーニャ県の県都でビジネス都市でもある。

駅を出るとガラス張りの明るい建物が続く。公園には色とりどりの花。港沿いの洒落た通りを歩く。

朝のサンティアゴ・デ・コンポステラ駅のホーム。警備員の姿も

四〇分後マリア・ピタ広場に着いた。正面には堂々たる建物。市庁舎だという。ここのカフェで暫し休憩。すると赤い帽子を被った品の良いオバアサンが近寄ってきた。どこから？　え、日本。随分遠いわね。巡礼はもう終わったの？　そう、おめでとう……。中々和やかな雰囲気でこちらも丁寧に応答。が、会話が一服したところでオバアサン、何かシートを取り出して、「ここに好きな番号を書いて……、簡単だから……」と。ここでようやく理解。彼女はＬＯＴＯ（番号くじ）売りだと。丁重にお断りをして彼女と別れた。

ア・コルーニャのヨット・ハーバー。緑の芝生が広がり、高級感が漂う

そこから港の脇に広がるマリーナ公園へ。この港にはヨットハーバーもあり、明るくおしゃれな雰囲気だ。丁度ヨットが一隻、颯爽と帰ってきた。赤白青の三色旗。フランス籍だ。私は芝生のベンチで休憩。岸壁ではオジサン達が魚釣り中。あっ、釣れた。結構大きい。地面で魚が跳びはねる。オジサン達は子供のようにはしゃいでいる。いいなあ、こういうシーンは。

近くのレストランで昼食を摂り、次に目指すは街の北の岬にある「ヘラクレスの灯台」だ。徒歩四〇～五〇分の距離だ。巡礼で毎日六～七時間も歩いていると、この位の距離は何とも思わなくなるから不思議。

一時少し前、遠くの小高い丘の上に灯台が見えてきた。このへ

「ヘラクレスの灯台」で

ラクレスの灯台は紀元二世紀のローマ時代に建てられた。改修されているが現役の灯台としては世界最古という。高さは五五メートル。二〇〇九年世界遺産に登録されている。

入場券を購入。何と日本語のパンフレットがあった。女性スタッフに「セージョを押しますか？」と訊かれた。そう、ここア・コルーニャはスペイン巡礼のルートの一つの「イギリス人の道」の主要都市なのだ。昨日巡礼事務所で「これが最後」と思って押して貰ったカテドラルのセージョの後に新たなセージョが加わった。リュックを背負ったまま狭く急な階段を上る。結構きつい。残念ながら塔上部からは外には出られず。が、ガラス窓から見下ろすと遥か下には大西洋の荒波が岩に砕けている。壮観。

灯台の下で記念撮影。撮影を頼んだ欧米系の夫婦は私の巡礼姿を見て、「サンティアゴ・デ・コンポステラの巡礼に行ってきたのね。どこから歩いてきたの？　えっ、サン・ジャン・ピエ・ド・ポーから？　MARVELOUS!（素晴らしい）」と感嘆の声。いや、それほどでも。

灯台から海沿いの道をゆっくり歩く。左手には青い海がどこまでも続く。快晴だ。潮風と波の音が非常に心地よい。何かとても心が癒されるのを感じた。

思えば昨日までの三〇日以上の巡礼行はピレネー山脈に象徴される「山」を中心とした旅でもあった。その大自然にはしばしば心を打たれた。しかし、次第に「何かが足りない」と感じるようになった。一種の「喉の渇き」のような感じだ。喉が渇くと人は水を求める。これは人間の体の大半が水分で出来ているからかもしれない。数年前、多忙の中、何とか休暇を取って訪れたポルトガル・リスボン郊外の海辺のホテル。バルコニーから眺める大西洋の果てしない大海原は、私を大きく包み込んでくれた。青い空と遠くに見える岬、空高く舞う鳥と波間に漂う小舟……。自分の心が大きく癒されていくのを感じた。ここに来たのはそういう「原体験」に導かれたからかもしれない。

ヘラクレスの灯台を左手に見る海辺のベンチに坐る。心行くまで大海原を眺める。心は深く深く癒されていく。初めて「巡礼が終わったのだ」という実感が湧いた。

近くのホテルに着いたのは午後二時過ぎ。近代的な四つ星ホテルで部屋は明るく快適。眼下には海が一望できる。久しぶりにバスにどっぷり浸かる。疲れが消えていく。もう歩きたくない。夕食はルームサービスで済まそう。

●今日の宿
Eurostars Ciudad de
La Coruña
93 ユーロ（約 12,000 円）

「ヘラクレスの灯台」からの大西洋。実に心が癒される

滞在二日目 6月22日（金）

再びサンティアゴ・デ・コンポステラへ念願の「ボタフメイロ」を見る

朝五時二〇分起床。近くの海岸を散歩。まだ薄暗い。小高い丘からは大海原を一望できる。七時過ぎ。水平線の彼方から朝日が顔を出し始めた。実に神々しい姿だ。丘の端には「巨石群」のようなものがあった。古代人が朝日を「神」として崇めていたのかもしれない。この建造物は現代作家の作という話もあるが、太古の昔、本当の巨石群がここにあっても不思議はない。この光景はそう思わせるに十分なほど神秘的だ。

ホテルで朝食を終え、タクシーでサン・クリストバル駅に向かい九時発の列車に乗る。九時三〇分過ぎ、サンティアゴ・デ・コンポステラ駅に帰着。徒歩で、今日の宿である「パラドール・デ・サンティアゴ・ホスタル・レイス・カトリコス」に向かう。このパラドールは当地を代表する最高級ホテルで、スペイン国内に約九〇あるパラドールの中では、レオンと並ぶ五つ星だ。

やがてカテドラルの隣にあるパラドールに到着。さすがにチェック・インはまだ出来ない。リュックを預けカテドラルに向かう。果たして今日は「ボタフメイロ」を見ることが出来るのか？ 数日前の宿の主人は、「大修理の関係で今年は全く分からない」と言っていた。一昨日カテドラル内の警備員に訊いても、また今日パラドールのコンシェルジュに訊いても、「分からない」と首を振るばかり。今は一〇時四〇分。「巡礼のためのミサ」は正午からだ（コラム12参照）。まだ一時間二〇分もあり堂内の人影も少ない。が、この時点で私は「今日は必ずボタフメイロが行われる」と確信した。なぜか？

通常、教会内部は十字架の形をしており、正面（東側）の主祭壇に至る東西の部分を「身廊」、南北に直交する部分を「交差廊」（或いは「翼廊」、「袖廊」）と呼ぶ。大香炉はこの「交差廊」に沿って南北にスウィングする。従って「ボタフメイロ」を見る特等席は交差廊の最前列付近だ。今日はこの「交差廊」の最前列数列に「RESERVADO CATEDRAL」（指定席・大聖堂）と印刷された白い紙が貼ってある。カテドラルに寄付を行った者の「指定席」を示すものだ。

「ボタフメイロ」を行うにはある程度お金が必要だ。またカテドラル改修には莫大な費用がかかる。教会側は寄付集めに躍起で「ボタフメイロ」はそのための格好のイベントだ。一方、この「ボタフメイロ」は巡礼のみならず、ツアーで訪れる大勢の一般旅行者にとっても見逃せない。ツアーを企画する旅行会社はツアー参加者がこの儀式を見ることが出来るように寄付を行う。両者は「持ちつ持たれつ」の関係だ。昨秋の巡礼ツアーの際、私は既にこの儀式を見ている。その時坐ったのは交差廊の最前列で、そこにはこの紙が貼ってあったのだ。今日もこの紙が貼ってある。これはこれから「ボタフメイロ」が行われるということに他ならない。

ミサ開始まで一時間二〇分。この時点ではまだ交差廊の「指定席」のすぐ後ろは空いていた。私は迷わずこの席に座った。その後、時間が経つにつれ堂内には参列者の数が増えてきた。一一時三〇分頃に

ア・コルーニャの夜明け。左に見える巨石群はレプリカかもしれない

は堂内はほぼ満席で立ち見の人も大勢いる。堂内はざわついている。時折、「静粛に」というアナウンスが流れ一時的に静かになるが、すぐにざわめきが始まる。場内アナウンスでは「ミサ中はカメラ、ビデオ等の利用はご遠慮を」という注意が流れる。こうしたことが何回か繰り返される。

正午になった。交差廊と身廊とが交わる南西側の小部屋に赤い服の大司教らミサを主導する人々の姿が見える。そこからまず修道女が一人、主祭壇に向かう。六〇歳位で眼鏡をかけている。この老修道女は昨秋のミサでもその姿を見た。彼女が主祭壇のマイクに向かい讃美歌を一節ずつ歌う。実に清らかな声だ。それに続いて参列者が斉唱する。讃美歌の練習だ。それが終わると彼女が今日ミサを主導する大司教らの名前を読み上げる。

それが終わると大司教らが厳かに入場し主祭壇に進む。ミサ開始だ。パイプオルガンの伴奏の下、先ほど練習をした讃美歌が流れ修道女に合わせ人々が斉唱する。次に大司教が今日一一時までに「巡礼証明書」を貰った巡礼の出身国名等を読み上げる。そして大司教の説教が始まる。スペイン語のため内容はよく分からない。続いて赤い服を着た他の聖職者がマイクに向かい説教を行う。英語の人、ドイツ語の人、フランス語の人……。内容は各々異なるようだ。

この間、何度か讃美歌を斉唱。その間、黒服の堂守が布袋を持って参列者席を回り寄付を募る。これらが終わると大司教の合図で参列者同士が巡礼の成功等を祝福して互いに握手。これはロンセスバイエスの修道院などでも経験した。続いて「聖体拝領」の儀式。これを希望するキリスト教信者二~三百人が列を作ってパン（ホスチア）の拝領を受ける。一五分前後かかる。

これらが全て終わった一二時五〇分頃。「ボタフメイロを始める」というアナウンスが流れた。堂内にどよめきが広がる。「今日はボタフメイロの儀式があるんだ！」という声だ。人々が如何にこの儀式を期待

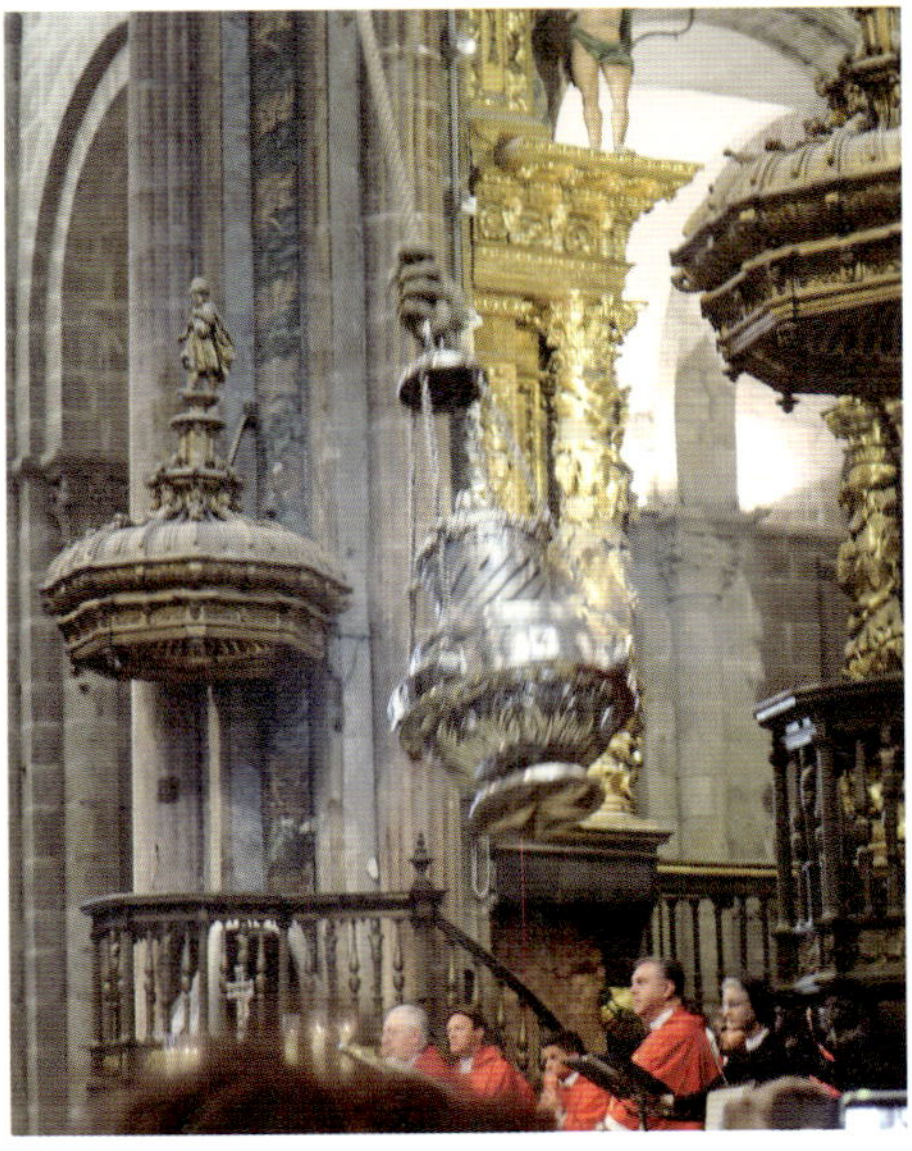

空中をスウィングする大香炉

していたかが分かる。

やがて「ティラボレイロス」と呼ばれる八人の濃い赤服の修道士によって点火された大香炉は滑車とロープで堂内高く吊り上げられる。そして彼らの手でロープが引っ張られスウィングが始まった。その振れ幅は次第に大きくなり、大香炉が吐き出す白煙も大きくなっていく。やがてロープは「ビュン、ビュン」という音と共に大きくしなり、大香炉は殆ど天井に届きそうになる。頭上を大香炉が前後に何回も大きく舞う。自分自身が大香炉と一体となり、天空を飛翔しているような錯覚さえ覚える。心が大きく解放されていく……。

他の参列者はと言えば、先ほどの「カメラ等の使用はご遠慮を」とのアナウンスを忘れたかのように、こぞってカメラやスマホのシャッターを押す。私も我に返って慌ててカメラのシャッターを押す。が、全く追いつかない。大香炉の最高時速は六八キロに達するという。やがてスウィングは次第に小さくなっていく。開始から五~六分、「ボタフメイロ」が終わった。大司教がミサの終了を告げた。

感動の余韻を胸に外に出る。太陽の光が眩しい。近くのレストランで昼食の後、パラドールでチェック・イン。ここは元は一五世紀に建てられた王立巡礼救護院でここに泊まるのは三回目。一回目は三〇数年前のパリ在勤中の家族旅行。あいにくの雨で内部は薄暗く小学生だった息子が怖がったのを覚えている。二回目は昨秋の巡礼ツアーの際。夕食は地下の豪華レストランだった。

チェック・イン後、部屋で、ドイツの有名陶器メーカー「ビレロイ&ボッホ」製のバスタブで手足を伸ばしてどっぷり湯に浸かる。やや過ぎたる贅沢。

夕方再びカテドラルへ。幸運にも七時三〇分からのミサで再び「ボタフメイロ」を見ることが出来た。何度見ても感動的。大香炉からの白煙が多く堂内が霞むほどだった。

夕食後、カテドラル前のオブラドイロ広場を散歩。時刻は一〇時近く。沈みゆく太陽を背に広場北側のパラドール、西側の市庁舎がシルエットのように浮かぶ。そして東側。そこには夕日を浴びて赤く染まったカテドラルが聳え立っていた。一日の終わりを告げる荘厳な空気が流れていた。

するとどこからかギターの生演奏が聞こえる。市庁舎の方だ。行ってみると黒い民族衣装に身を包んだ七〜八人の若い男性がギター等を奏でながら、民族音楽を歌っている。明るく愉快な曲だ。聴衆も手拍子で応援する。この光景は一年程前（二〇一七年九月）にNHKの「世界ふれあい街歩き」で紹介されたのを覚えている。

サンティアゴ・デ・コンポステーラのパラドールの室内

夕日に赤く染まるサンティアゴ・デ・コンポステラのカテドラル

彼らの演奏は聴く者の心を和やかにする。
「巡礼最終地点」にふさわしい演奏だった。

カテドラル前の広場で歌う学生楽団

●今日の宿
Parador de Santiago-Hostal Reis Catolicos
266ユーロ（約34,600円）朝食込み

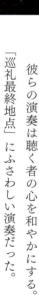

滞在三日目

市内を散策
深夜、「サン・ファン祭り」に遭遇

6月23日（土）

朝食はホテル中二階のレストランで。ビュッフェ形式。料理や飲み物等は多彩で豪華。スタッフのサービスもさすが。そこへ席を探す東洋系の若者が一人。高井さんだった。そう言えば昨夕の「ボタフメイロ」終了後、レストランの店先で日本人男性と食事中の彼と遭遇。「今晩、私もパラドールに宿泊予定です」と言っていた。このホテルはかなり高いが……。彼は「おカネは日本に帰ってからまた稼げばいい。今この時間を楽しもう」と言っていた。それを実践しているようだ。隣席を勧め少し歓談。彼は高校の後輩だ。色々悩みを抱えながら巡礼に来ている。が、彼はまだ若い。人生はこれからだ。

部屋に戻りメールを見ると家内から。「岡崎の○○さんから宅急便が到着した」とのメール。彼は昨秋の巡礼ツアーで仲良くなった

サンティアゴ・デ・コンポステラ大学の構内

人だ。開けて貰うとＤＶＤが入っており手紙には「五月一八日から六月四日までスペイン巡礼ツアーの第二回に参加。その時のＤＶＤです」とのこと。何と、偶然彼と私はほぼ同時期にこの巡礼路を歩いていた！　彼には私の今回の巡礼行は伝えていない。早速絵葉書を送る。彼も驚くだろう。

その後チェック・アウト。荷物を預け市内散策へ出かける。今日はサンティアゴ・デ・コンポステラ大学へ行ってみよう。この大学の創立は一四九五年。現存する大学としては世界有数の歴史を誇る。一四九五年という年は、徳川家康による江戸開府（一六〇三年）より一〇〇年以上も前だ。著名な著述家、政治家等を数多く輩出しており、先頃まで首相を務めたマリアーノ・ラホイ氏もその一人だ。キャンパスは市内の北と南、そしてルーゴの三つ。学部は文理合計で二〇近く。学部生は約三万九千人、院生は約三千人という大規模大学だ。

今日は北キャンパスへ。道に迷ったが何とか辿り着いた。緑の木々や芝生が溢れていた。経済学部に行くと、「学部創立五〇周年」の垂れ幕があった。意外と歴史は浅い。校舎は質素で手入れは今一つ。財政難から日本と同様、国立大学への補助金も減額されているのだろうか。

市内に戻る。時刻は二時過ぎだ。途中の温度表示は三三度。日差しは非常に強い。頭がクラクラする。行きつけのレストランで遅い昼食を摂る。少し離れた席に日本人が三人。五〇～六〇代の夫婦と三〇代位の女性。観光客とガイドらしい。私の方が先に食事が終わったので、「日本の方々ですね」と声を掛ける。三人とも驚いた表情。日本人が近くにいたことに気付かなかったようだ。私が「三〇日以上かけてフランス南部からここまで巡礼をしてきた」と言うと、五〇代位の奥さん、「まあ凄い。私にもご利益がありますように」と握手を求められた。比叡山「千日回峰行」の阿闍梨さんになったような変な気持ち。

その後、パラドールでリュックを受け取り、今晩の宿である「ホテル・ガストロノミック・サン・ミゲル」に向かう。途中、カテドラル北側の道を歩いているとどこからか“TAKA-SAN!”という女性の声。走ってきたのは京子さんとチリのパウリーナさん。懐かしい！ 彼女たちとは一週間前の土曜日の朝、サリアの坂道のカフェで遭遇して以来だ。二人とも日に焼けて元気そうだ。一昨日ここに到着し近くのアルベルゲに宿泊しているという。「今晩都合が合えば夕食を一緒に」という話に。ただ、京子さんのスマホはいつもWi-Fiの環境次第。残念ながらその晩、連絡は無かった。

彼女からは数日後改めてメールが届いた。「相変わらずドタバタで今日漸く二人でマドリッドに到着。私は明朝の飛行機で日本に帰国し、パウリーナはこの後、セビージャに行くそうです。彼女はいつも『タカさんは、今どうしているの』と言っています」とのこと。無事なようで何より。二人にはとても世話になった。特にトリアカステラでの三人の夕食会は、他の人と食事を共にする機会が余り多くない私にはとても楽しい思い出だ。感謝、感謝。

「ホテル・ガストロノミック・サン・ミゲル」はカテドラルから徒歩数分。小さな広場に面した四階建てのこぢんまりとした瀟洒なホテルだ。部屋は広場を望む三階でバルコニーには色とりどりの花。サン・マルティノ修道院等も見える。室内は明るく近代的。パラドール泊は所詮「そこに泊まった」という話題作りだが、コスト・パフォーマンスや居心地はここの方が上だ。フロントでパンプローナの郵便局から送った荷物を受け取る。街なかに出ると通りの至る所でイワシを焼く匂い。何となくお祭り気分？

今晩は早めに一〇時過ぎに就寝。

眠りに落ちた後、ホテル前の広場の方で何やら人々の話し声。音楽や歓声も聞こえる。時間は深夜零時半頃か。ベッドでウトウトしながら騒ぎが収まるのを待つ。が、一向に収まる気配がない。深夜一時三〇分、ベッドから起きて窓の外を見る。広場には数十人の人々が飲み物を片手に談笑したり、騒いだりしている。遠くからは何か音楽も聞こえる。日中、街で嗅いだ焼き魚の匂いも漂っている。

結局この騒ぎは明け方まで続いた。

●今日の宿
Hotel Gastronomico San Miguel
219ユーロ（約28,400円）
朝食込み　※2泊分

今晩の宿の「ホテル・ガストロノミック・サン・ミゲル」からの眺め

眠りに落ちた後、ホテル前の広場の方で何やら人々の話す声。音楽や歓声も聞こえる

滞在四日目　6月24日（日）

市内を散策 また「ボタフメイロ」を見る

朝七時五〇分起床。さすがに寝不足の感は否めず。

昨晩の騒ぎは一体何だったのか。インターネットで調べてみると、これは当地の「サン・ファアン祭り」だった。

『サン・ファアン』とは聖ヨハネのこと。聖ヨハネの日である六月二四日の前夜、スペイン各地でかがり火が焚かれる。このかがり火を『カチャレラス』と呼び、人々はこの上を何回か跳び悪霊を払う。この頃は夏至にあたり一年で最も夜が短く、『越年祭』の意味合いもある。サンティアゴ・デ・コンポステラではこの日は焼いたイワシとパンが無料で振舞われる……」。

ふーん、そうか、昨日街に漂っていたのはこのイワシの匂いか。昨日チェック・インした際、受付のオバ様が嬉しそうにチラシをくれたが、この祭りの宣伝だったのか。今朝の新聞各紙の一面は祭りの写真や記事で賑わっていた。

ホテルのレストランで朝食後、カテドラル近辺を散策。昨晩の騒ぎの反動からか比較的静かだ。カテドラルに入ってみる。すると「交差廊」最前列の数列に「指定席」の白紙。今日も「ボタフメイロ」が行われるのだ！

　ホテルに戻り休憩の後、一一時に再びカテドラルへ。すると入口（カテドラル南側の門）には長蛇の列。一昨日より時間が若干遅いとはいえ、あまりの人数に圧倒される。堂内も既に大勢の人。そうか、今日は日曜日だ。うーん、来るのが遅かったか……。が、何とか交差廊の前部の席に坐る。

　正午。「巡礼のためのミサ」が始まる。例の老修道女はチラッと姿を見せたがすぐに消え、別の修道女が開式を告げる。例の小部屋付近で聖職者が大きな錫杖で二、三度床を突く。それを合図に主要メンバーが入場してきた。これまで見た三回とは全く異なるスタイルだ。また今回は聖職者の服の色が白。これまでは三回とも赤だった。今回は参列者による讃美歌の斉唱練習は無し。讃美歌は黒いスーツ姿の男性二〇～三〇人を中心とした聖歌隊が歌った。「ボタフメイロ」も説教中にその言葉が何度か出てきた。このため参列者も「ボタフメイロ」が行われることが分かっているようだ。

　このように前三回とは進行方式が異なる部分はあるものの、「ボタフメイロ」の感動は変わらない。特に、今回は私にとっての「ボタフメイロの見納め」。感動はひとしおだ。躍動する大香炉を心に焼き付けた。

「サン・フアン祭り」の模様を伝える地元紙の一面

市内の公園から見たカテドラル

ミサ終了後、ホテルに戻った。明日の出発を前にして荷物を整理。パンプローナから送った包みを恐る恐る開ける。ジャケットや替えズボン等。重さ二キロ余り。帰国途中立ち寄るパリ等で必要なものが大半だ。しかしこのままではリュックがパンクする。やむなくタオル等幾つかのものを処分した。

夜、部屋で髭を剃った。約一カ月ぶりだ。剃る前に改めて鏡で自分の顔を見る。そこには全く別人のような顔。髭は伸び放題。頬もこけている。「野武士」のようだ。日本から持参した超小型のシェーバーは全く歯が立たない。昨日パラドールの部屋に備え付けてあった安全カミソリを使って何とか剃り終えた。

さあこれで準備は殆ど終わった。

明日はいよいよサンティアゴ・デ・コンポステラともお別れだ。

滞在五日目 6月25日（月）

スペインよ、さらば！

朝六時五〇分起床。今日でスペインともお別れ。そう思うと名残り惜しい。その気持ちを察したのか、空は久しぶりに曇っている。

昼頃、カテドラル近辺を散策。サンティアゴ・デ・コンポステラ大学の図書館に行く。一階左手奥には豪華な部屋があった。中央に赤い絨毯が敷かれ、部屋の左右には重厚な参列者席。部屋の外にいた女性に訊くと国際会議場のようだ。「スペイン経済五輪」という案内板があった。学部創立五〇周年の記念行事らしい。建物の中庭に銅像が一体。「一九九五年、大学創立五〇〇周年（！）を記念して建てられた」との記述。気の遠くなるような長い歴史だ。

その後、街の南にある公園を散策。深い緑に囲まれた小高い場所にあり、とても静かだ。正面にはカテドラルの尖塔が見える。その周囲には世界遺産の赤い屋根の街並みが続く。ベンチに坐りこの風景を堪能する。心が休まる。

公園の中を進むと「二人のマリア像」があった。派手な衣装に身を包んでいる。この姉妹はフランコ独裁時代、反体制の意味も込めて奇抜な恰好で街を歩いたという。この像もＮＨＫの「世界ふれあい街歩き」で紹介されていた。

大木が続く公園をひと回りしホテルに戻った。荷物を整理後、タクシーを呼んで貰い空港に向かった。空港までは高速道を使って僅か二五分。五日前、この空港の誘導灯の脇を一生懸命歩いてサンティアゴ・デ・コンポステラに向かったのを思い出す。カテドラルまでは一五キロ近くあり大変だったが、車ではほんの一瞬という感じ。

空港に着いたのは午後四時半。パリ行の出発は午後七時。空港内はまだ閑散としている。この空港は三〇数年前も使ったが当時は本当に小さかった。が、今は新築され大きくなっている。

午後七時、イベリア航空五六一六便パリ行は離陸を開始。窓の外に広がる深い森が、飛行機の加速とともに後ろに飛び去って行く。滑走路から機体が離れた。翼の下には霧に覆われたスペインの大地。高度が上がるにつれ、それは遠くまで広がっていく。

今日までの四〇日余りの出来事が走馬灯のように浮かぶ。パリ到着時の心細い気持ち。ピレネーからの下りでの膝の負傷と計画変更の無念さ。豪雨の中、泥道を歩く辛さ。

他方、それらを遥かに上回る感動と喜びがあった。

ピレネー山脈の荘厳な夜明けと雄大な自然。カストロヘリスの朝日と眼下に蛇行する巡礼路。誰もいない巡礼路の前に広がる大地と地平線。そして最後はア・コルーニャの大海原……。これらは私を大きく包み込んでくれた。

そして多くの人との出会い、そして語らい。

スウェーデンのシーグルンさん、ニューヨークの「白髭」のシャルルさん、ポブラシオン・デ・カン

「二人のマリア像」。姉妹はフランコ独裁時代、反体制の意味も込めて敢えて派手な恰好で街を歩いたという

ポスのアルベルゲで夕食を共にした四人の欧米系の女性たち。中でもルーマニアのアンドレアとは随分一緒に歩き、語り合った。彼女は今どうしているだろう。

カナダのマギーさんは中々の哲学者だった。人生や巡礼についての深い洞察は学ぶところが多かった。そしてフランスのサン・テチエンヌから親友の死を悼んで歩き続けていたシニア女性。どこか寂しさが漂っていた。

アルベルゲのオスピタレイロやホスタルのスタッフにはとても世話になった。また、道に迷った時は、他の巡礼や地元の人に何度も助けられた。ここまで巡礼を続けることが出来たのも彼らのお蔭だ。

そして大勢の日本の若者たちとも知り合い、語りあった。彼らは悩みを抱えていたが、巡礼を続ける中で人間的にも成長を続けていた。ひょっとして日本の将来にはまだ希望が持てるかもしれない、そう思わせてくれた。

今はそれら全てにただただ感謝、感謝。

いつの日か、またこの地に来よう。出来れば今度こそは七八〇キロ完歩を、そしてもっと多くの人々と語りあおう。胸にそう誓った。

スペインよ、さらば！

エピローグ

最近、スペイン巡礼に行く人が急増している。コラム1でも触れたように、公式統計によれば巡礼者数は二〇〇六年、初めて一〇万人を超えた（「聖年」を除く）。それが二〇一七年には三〇万人を超えた。僅か一〇年余りで三倍になったということである。この間、日本からの巡礼者数は二〇〇五年の二八二人から一四七九人へと急増。伸び率は五・二倍と全体の伸び（三・二倍）を大きく上回る。

ではなぜ、これだけ多くの人々がスペイン巡礼に向かうのか。何が人々を巡礼に駆り立てるのか。巡礼の途中、多くの人と知り合い、語り合った。しかし、「貴方の巡礼の目的は？」という質問は、ある程度親しくなってからでないと、なかなか切り出せない。何故か。

それは多くの場合、巡礼の目的がその人のそれまでの人生と深く関係し、場合によっては非常にデリケートな質問となるからだ。

最近、スポーツ感覚で巡礼に来ている人が多いという話を聞く。そうかもしれない。しかし、大多数の人々の巡礼の目的はもう少し複雑で、深いところにあるのではないか。

人間は、何十年か生きているうちに、様々な経験をする。その経験の中には、大きな挫折や親しい人との別れ等その人の心に大きなダメージを与えるものがある。それらはその人の心に長く深く底流する。またそこまで深刻でなくとも、人間は生きていく中で、仕事や人間関係の悩み等様々なストレスを感じる。

こうした経験やストレスは知らず知らずのうちにその人の内面に「滓《おり》」のように沈殿し、堆積していく。それは一種の精神的な疲労であり、それが溜まっていくと人間は休養を求める。音楽を聴く或いは歌う、酒を飲む、睡眠を長く取る等は休養の一般的な事例である。

しかしこうした対処法は一時凌ぎに過ぎず、精神的疲労は時としてその人の許容限度まで堆積する。この場合、自ら命を絶つという悲劇的結末が訪れることもある。過去の巡礼記でもこうした「瀬戸際」に立たされた人が、衝動的に巡礼に出るというケースが見られる。

今、自分の巡礼の記録を読み返してみると「癒されていく」「解放される自分を感じた」等の記述が多いことに気付く。人生六八年、知らず知らずのうちに「人生の滓」が溜まっていたということだろう。もとより、巡礼に来たからと言って、自分の悩みが解決される訳ではない。しかし巡礼には不思議な効果がある。最初のうちは、歩いていても自分の悩みや過去の出来事が次々と頭に浮かぶ。振り払っても振り払っても浮かぶ。が、次第にその頻度が落ちてくる。全てのことは「歩く」ということ、その一点に集中されるようになっていくからだ。

カナダのシニア女性のマギーさんがこう言っていた。

「この巡礼の中で私が一番好きなのは朝。朝日が昇る中、大自然の中を歩いていると、『それまでの自分』というものが徐々に過去のものとなり、代わりに『新しい自分』に脱皮していくのを感じるから」

ピレネーの荘厳な夜明け、カストロヘリスの朝日の下、眼下にどこまでも続く巡礼路……。

こうした風景を見ていると、「自分」というものやそれが抱える「悩み」「ストレス」等は、如何に

ちっぽけなものであるかということに気付く。
　巡礼最終地点であるサンティアゴ・デ・コンポステラのカテドラル到着時の感想は本文にも記した。「やっとこの長旅も終わる」という気持ちと、「もう終わってしまうのか」という気持ちが入り混じった複雑な心境だと。
　しかし今は、前者の気持ちは消え去り、むしろ後者の気持ちの方が強くなっている。「もう一度、スペイン巡礼へ」という気持ちだ。帰国してそろそろ一年近く。人生の「滓」が再び蓄積されつつあるのかもしれない。またそれだけこのスペイン巡礼が素晴らしいものだということだろう。
　今回の私の巡礼は本文でも紹介したように、ホテル等アルベルゲ以外の宿泊施設にも多く泊まった。また、交通手段の面でも一部にタクシーやバス等を使っている。これらの面で

ストイックさに欠けるものかもしれない。
　しかし、巡礼の動機や背景が多様であるのと同様、巡礼のスタイルにもバリエーションがあってよいのではないか。特にシニア層は、体力や健康等の面で限界がある。「アルベルゲ完徹」や「七八〇キロ一気踏破」も、それが出来た方が満足度は高いかもしれないが、これらの達成を「必須」のものと考える必要はないのかもしれない。
　「スペイン巡礼」に関する情報はまだまだ乏しい。私も出発前に色々な本やブログ等を読んだが、分からないことも少なくなかった。本書が巡礼に関心を持つ人々の一助になれば幸いである。なお、本書の刊行に当たっては、株式会社皓星社の皆様方には大変ご尽力を頂いた。この場を借りて厚く御礼を申し上げる。

種類	重量（g）	備考
寝袋	532	モンベルダウンハガー900の＃3。価格は結構高かったが（定価41,500円を15％引きで購入)、何と言っても軽量で暖かい。お薦め。
防虫用シーツ	126	コクーンインセクトシールド100％シルク。南京虫対策のため一応持参したが殆ど使用せず。
リュックサック	1,630	カリマー・リッジII40リットル。機能的で使用感良好。
ナップサック	160	ミレー18リットル。2気室タイプ。街中散歩の際やメインリュックを別送する際等は必携。
レインウエア上下	275（上） 211（下）	必需品。ただ使用頻度はポンチョの方が多かった。
ポンチョ	255	幾つか購入したが、最終的にはバーグハウスのウルトラライトポンチョ。使用頻度は高かった。
長袖Tシャツ	410（3枚計）	モンベル、マムート等。日中用2枚。就寝用1枚。全て速乾性。半袖Tシャツは日焼け・虫刺され防止等の観点から持参せず。
下着	135（3枚計）	ユニクロ製を使用。速乾性。
靴下	220（5足計）	5本指を3足。通常のもの2足。
トレッキングパンツ	530（2本計）	パイネ製。超軽量かつ速乾性。使い易かった。半ズボンとしても使用可能。
リラックスパンツ	183	就寝用として使用。持参して良かった。
足腰ガードタイツ	310（2着計）	モンベル製。疲労度はかなり軽減。途中で1着は廃棄。
傘	145	モンベル製超軽量。リュック用。街中散歩等に重宝。
靴用スパッツ	98	雨天時等の泥除け用。時折使用。
洗面道具	150	歯ブラシ、歯磨き。石鹸。最軽量の髭剃り。
日記帳・筆記用具	110	後日読み直すと「宝物」！
ダウンジャケット	180	モンベルのウルトラライトダウンジャケット。当初は荷物から除外。が、家族の助言もあり携行した。結構寒い日があり、大正解。春秋でも防寒具は必須。

（注）パスポート、現金、Eチケット等を除く。重量は筆者測定。

主 要 装 備 品 等 一 覧（順不同）

種類	重量（g）	備考
長袖襟付きシャツ	422（2枚計）	長袖Tシャツの上に重ね着。肌寒い時等に有効だった。
フリース	160	薄手のもの。ダウンを着るほどではない寒さの時に必要。
パーカー	155	ユニクロ製。が、あまり使わず結局、最終地点に別送。
サンダル	250	必需品。ネットで超軽量かつ使い易いものを発見。
帽子	60	強風に備え必ず紐付きを。
医薬品	200前後	テーピング用テープ。バンドエイド。包帯、消毒薬。虫刺され薬。日焼け止め。極小ハサミ。爪切り。小針。ワセリンは持参したが使用せず。
手袋	60	雨天・寒さ対策に必携品。転倒時のけがも軽減できる。
ヘッドランプ	33	モンベル最軽量版。が接触不良。
保温用ボトル	236	温水携行時に便利。
スマホ	219	スマホは今や必携品。ガラケーも持参。
スマホ・カメラ用バッテリー	125	他に電圧変換プラグ等も携行。
カメラ	208	キャノンパワーショットG9XMII。小型軽量高性能。ＳＤカードは現地購入可。
靴	760	メレル製。軽量かつ履きやすい。
ウエストポーチ	180	必携品。貴重品はここへ。
ストック	254（2本計）	必携品。途中で破損。買い替えた。
防水バッグ	54	アルベルゲシャワー時必携。S字カンも。
タオル等	300	中1（130ｇ）、小2（計170）。必携。
その他	300 ～ 400	サングラス。ハンカチ2枚。ティッシュペーパー 7 ～ 8個。トイレットペーパー（1/3）。ティーバッグ。ビニール袋等。他に携帯ラジオ。文庫本1冊。単眼鏡。メガネスペア等。

（備考）上記はあくまで筆者のケース。やや持ち過ぎた感は否めず。上記の他に帰路パリによることからジャケット、替えズボン等を持参。リュックの重量は11キロ前後まで増加。別送・廃棄により軽量化した。出発前に実際にリュックに詰めて10 ～ 20キロ程度歩いてみると良いかもしれない。なお重量測定にはタニタのキッチンデジタルスケールが便利だった。

主要参考文献等（順不同）

【一般的な紀行文等】

小野美由紀『人生に疲れたらスペイン巡礼　飲み、食べ、歩く８００キロの旅』（２０１５年　光文社新書）
高森玲子『スペインサンティアゴ巡礼の道　聖地をめざす旅』（２０１６年　実業之日本社）
谷尚典『私のサンティアゴ巡礼』（２０１２年　風媒社）
戸谷美津子『聖地サンティアゴへ、星の巡礼路を歩く』（２０１７年　書肆侃侃房）
中谷光月子『サンティアゴ巡礼へ行こう！　歩いて楽しむスペイン』（２００４年　彩流社）
花田博・花田昌子『サンティアゴ巡礼記　ゆっくりカミーノ』（２０１０年　書肆侃侃房）
福井昌弘『空につづくカミーノ　おじさんパッカーのサンティアゴ巡礼の旅』（２０１５年　幻冬舎）
南川三治郎（監修：日本カミーノ・デ・サンティアゴ友の会）『世界遺産　サンティアゴ巡礼路の歩き方』（２０１０年　世界文化社）

【ガイドブック・地図等】

日本カミーノ・デ・サンティアゴ友の会『聖地サンティアゴ巡礼増補改訂版　世界遺産を歩く旅』（２０１５年　ダイヤモンド社）
ブルーガイド海外版出版部『わがまま歩き　スペイン』改訂版（２００３年　実業之日本社）
John Brierley "Camino de Santiago maps"
John Brierley "Camino de Santiago The Way of St. James"

【スペインの歴史関係】

立石博高・内村俊太『スペインの歴史を知るための５０章』（２０１６年　明石書店）
世界史小辞典編集委員会『山川世界史小辞典』改訂新版（２００４年　山川出版社）
全国歴史教育研究協議会『世界史用語集』（２０１４年　山川出版社）

上記の他、「日本カミーノ・デ・サンティアゴ友の会」（http://www.camino-de-santiago.jp/）等、各種ＷＥＢ、ブログを参照した。

渡辺孝（わたなべ・たかし）

1950年生まれ。

1974年東京大学教養学部教養学科卒業（国際関係論専攻）。

日本銀行に約25年勤務した後、地方国立大学教授を経て、2001年首都圏の私立大学教授。2009年同大学理事長。2016年理事長退任。その後、コンサルティング会社を設立。赤字覚悟で私立大学経営のサポートに当たっている。趣味は嘗ては欧州旅行。現在は数年前から始めた尾瀬逍遥とクラシック音楽の合唱。「一日一生」という言葉を大切にしたいと思っている。

著書に『不良債権はなぜ消えない』（日経BP社2001年4月）、『私立大学はなぜ危ういのか』（青土社2017年5月）。

スペイン巡礼　緑の大地を歩く

発行日　2019年5月18日

著者　渡辺孝
発行者　晴山生菜
編集　池田拓矢
発行所　株式会社皓星社
〒101-0051
東京都千代田区神田神保町3-10 宝栄ビル601
電話：03-6272-9330　FAX：03-6272-9921
e-mail：book-order@libro-koseisha.co.jp
URL http://www.libro-koseisha.co.jp/
郵便振替　00130-6-24639

組版・装丁　米村緑（アジュール）
印刷・製本　精文堂印刷株式会社

ISBN　978-4-7744-0678-7
定価はカバーに表示してあります。落丁・乱丁本はお取替えいたします。